Sekundarstufe

Kurt Schreiner

Stationenlernen Imperialismus

Die Aufteilung der Welt

Individuelles Lernen

Differenzierend

Motivierend

- **Übersichtliche Aufgabenkarten**
- **Schnelle Vorbereitung**
- **Mit Lösungen zur Selbstkontrolle**

Lernen mit Erfolg
KOHL VERLAG
www.kohlverlag.de

Stationenlernen IMPERIALISMUS

Die Aufteilung der Welt

1. Auflage 2017

Inhalt: Kurt Schreiner

Redaktion, Grafik & Satz: Kohl-Verlag
Druck: farbo prepress GmbH, Köln

Bestell-Nr. 11 097

ISBN: 978-3-96040-268-8

Bildquellen:

Seite 16 © Aziz Efendi - wikimedia commons; Seite 20 © fotolia.com; Seite 20 © jimmyan8511 - Wikimedia commons; Seite 21 © Theodor de Bry - Wikimedia commons; Seite 22 © Carlos Martínez Blando - Wikimedia commons; Seite 23 © Hermann Junghans - Wikimedia commons; Seite 24 © Mclay1 - Wikimedia commons; Seite 28 © National Geographic - wikimedia commons; Seite 30 © Halve_Maen - wikimedia commons; Seite 31 + 32 © Bundesarchiv, Bild 137-003029 / CC-BY-SA 3.0 - wikimedia commons; Seite 33 © Michael Sander - wikimedia commons; Seite 35 + 36 © wikimedia commons; Seite 37 © Missionar der Norddeutschen Mission - Wikimedia commons; Seite 39 © Bundesarchiv - wikimedia commons; Seite 42 © LeCommandantMarchand - wikimedia commons; Seite 51 © wikimedia commons; Seite 53 © kartoxjm - fotolia.com; Seite 54 © kartoxjm - fotolia.com; Seite 55 © Philadelphia Press - wikimedia commons; Seite 56 © Hawaii State Archives - wikimedia commons; Seite 58 © wikimedia commons; Seite 60 © Shadowxfox - wikimedia commons; Seite 61 © wikimedia commons; Seite 62 © 1938 - wikimedia commons; Seite 63+64 © Stanislav Komogorov - fotolia.com

Inhalt

KOHL VERLAG
Stationenlernen IMPERIALISMUS
Die Aufteilung der Welt – Bestell-Nr. 12 097

Übersicht

1. Überblick

Stationsname	Niveau	Seite
Eine Zeittafel erstellen	⊙ !	9

2. Begriffe

Stationsname	Niveau	Seite
Der Begriff „Imperialismus“	!	11
Kolonialismus - Begriff	⊙	11

3. Vorgeschichte

Stationsname	Niveau	Seite
Großreiche in der Antike	!	13
Großreiche im Mittelalter	!	15

4. Die Konkurrenz der Mächte

Stationsname	Niveau	Seite
Großreiche in der Neuzeit - Übersicht	✶	17
Portugal entdeckt den Seeweg nach Asien	⊙	19
Der Untergang des portugiesischen Kolonialreiches	⊙	19
Spaniens Anfänge	!	21
Die Folgen der Entdeckung Amerikas	⊙	21
Die Anfänge Großbritanniens	⊙	23
Großbritannien wird führende Kolonialmacht	! ✶	25
Frankreich	!	27
Die Niederlande	! ✶	29

KOHL VERLAG Stationenlernen IMPERIALISMUS Die Aufteilung der Welt – Bestell-Nr. 12 097

Übersicht

5. Das Zeitalter des Imperialismus

Stationsname	Niveau	Seite
Allgemeines - Herrschaft über fremde Gebiete	!	31
Neue Qualität des Kolonialismus im 19. Jahrhundert	⊙	33
Das Sendungsbewusstsein	✶	35
Des weißen Mannes Bürde	!	37
Lenins Imperialismustheorie	✶	39
Die Aufteilung Afrikas I	⊙	41
Die Aufteilung Afrikas II	⊙	43
Deutsche Weltmachtpolitik	!	45
Das Deutsche Reich rüstet auf	✶	45
Deutsche Kolonien in Afrika	!	47
Flottenbau und Kolonialherrschaft	!	49
China und die „Politik der Offenen Tür“	!	51
Japan - eine außereuropäische Kolonialmacht	⊙ !	53
Die USA in Übersee	⊙ !	55

6. Der Kontinentalimperialismus

Stationsname	Niveau	Seite
Vereinigte Staaten von Amerika	!	57
Russland	⊙	59

7. Die Entkolonialisierung

Stationsname	Niveau	Seite
Auf dem Weg zur Unabhängigkeit	!	61

8. Die Globalisierung

Stationsname	Niveau	Seite
Die Vernetzung der Welt	!	63

Einsatz der Materialien

Sehr geehrte Kolleginnen und Kollegen,

dieses Werk zum Stationenlernen Imperialismus soll Ihnen ein wenig Ihre alltägliche Arbeit erleichtern. Dabei war es uns besonders wichtig, Stationen zu gestalten, die möglichst schüler- und handlungsorientiert sind und mehrere Lerneingangskanäle ansprechen. Denn nur so kann das Wissen langfristig gespeichert und auch wieder abgerufen werden. Die Reihenfolge der Stationen orientiert sich am geschichtlichen Ablauf. Auch innerhalb der Stationen wurde diese Reihenfolge eingehalten. So können sich die Schüler eine zeitliche Abfolge der Ereignisse und Entwicklungen verdeutlichen und sie in ihrem individuellen Arbeits- und Lerntempo bearbeiten. Durch den individuell ausfüllbaren Laufzettel wird bei dieser sehr differenzierten Arbeitsform stets der Überblick gewahrt. Die Materialien eignen sich auch hervorragend für die Selbstlernzeit oder als Ausgangspunkt für Gruppendiskussionen.

Der Band ist in acht Bereiche aufgeteilt:

- Überblick
- Begriffe
- Vorgeschichte
- Die Anfänge der kolonialen Großreiche
- Das Zeitalter des Imperialismus
- Der Kontinentalimperialismus
- Die Entkolonialisierung
- Die Globalisierung

Stationen:

Die Stationskarten enthalten bewusst keine Nummerierung, um einen flexiblen Einsatz zu gewährleisten. So kann jeder selbst entscheiden, welche Stationen er bearbeiten möchte. Dies können beispielsweise lediglich Stationen aus einem Bereich sein, ebenso gut können jedoch Stationskarten aus allen Bereichen vermischt werden. Nach Belieben können Sie die Stationen auch nummerieren, um den Schülern die Zuordnung zu erleichtern. Die Stationen können in Einzel-, Partner- oder Kleingruppenarbeit erarbeitet werden, je nach Vorliebe der Lehrperson bzw. der Klasse.

Einsatz der Materialien

Differenzierung der Aufgaben:

Innerhalb der Bereiche gibt es drei Schwierigkeitsstufen zur Differenzierung.

⊙ G = grundlegendes Niveau

! M = mittleres Niveau

✶ E = erweitertes Niveau

- Die Aufgaben zum *grundlegenden Niveau* sollten von allen Schülern bearbeitet werden.
- Aufgaben mit *mittlerem Niveau* bieten Erweiterungen und höhere Anforderungen als das grundlegende Niveau.
- Die Aufgaben des *erweiterten Niveaus* sind sogenannte Expertenaufgaben und enthalten vertiefende oder weiterführende Inhalte.

Hier handelt es sich ausnahmslos um Vorschläge. Je nach Leistungsstand können Sie jedoch problemlos Stationen anders kennzeichnen.

Lösungen:

Wer die Aufgaben der Schüler korrigiert, hängt zum einen von der Lerngruppe und zum anderen von den Vorlieben des unterrichtenden Lehrers ab. So kann dieser die Verbesserung der Schüleraufgaben selbst übernehmen oder diese Aufgabe in die Verantwortung der Schüler übergeben. In diesem Fall haben Sie die Möglichkeit, die Karten einfach auszuschneiden und zu laminieren. Die passende Lösung befindet sich dann direkt auf der Rückseite der Aufgabe. Das fördert die einfache Selbstkontrolle. Alternativ können Sie die Seiten jedoch auch kopieren und die Lösungen, für die Schüler erkenntlich markiert, an einem anderen Ort positionieren.

Viel Freude und Erfolg beim Einsatz der vorliegenden Kopiervorlagen wünschen Ihnen der Kohl-Verlag und

Kurt Schreiner

Symbole: ⊙ Grundlegendes Niveau ! Mittleres Niveau ✶ Erweitertes Niveau

Name: ______________________________ Datum: _____________

Stationen-Laufzettel

⦿ Grundlegendes Niveau

Station	Stationsname	erledigt	korrigiert

! Mittleres Niveau

Station	Stationsname	erledigt	korrigiert

✶ Erweitertes Niveau

Station	Stationsname	erledigt	korrigiert

KOHL VERLAG Lernen mit Erfolg
Stationenlernen IMPERIALISMUS
Die Aufteilung der Welt – Bestell-Nr. 12 097

Eine Zeittafel erstellen

⊙ !

Aufgabe 1: *Erstelle mit Hilfe der folgenden Angaben eine Zeittafel, indem du die Ereignisse in der richtigen zeitlichen Reihenfolge ordnest. Übertrage dann nach folgendem Schema in eine Tabelle.*

Jahr	Ereignis
1487/88	Der Portugiese Diaz ...
...	...

seit 1830	Eroberung Algeriens durch Frankreich
1498	Vasco da Gama entdeckte den Seeweg nach Indien.
1914	Eröffnung des Panama-Kanals
1853-1856	Krimkrieg
1600	Gründung der englischen Ostindien-Kompanie
1947	Unabhängigkeit Indiens und Pakistans
1890	Ende der Indianerkriege in den USA
1770	Entdeckung Australiens durch James Cook
1898	Faschoda-Krise zwischen Großbritannien und Frankreich
1839-1842	Erster Opiumkrieg zwischen Großbritannien und China
1900	Boxeraufstand in China
1939-1945	Zweiter Weltkrieg
1867	russisches Generalgouvernement Taschkent in Zentralasien
1884/85	Erwerb der deutschen Kolonien Deutsch-Südwestafrika, Kamerun und Togo und Deutsch-Ostafrika
1487/88	Der Portugiese Diaz umrundete als Erster das Kap der Guten Hoffnung.
1898	Spanisch-Amerikanischer Krieg
1914-1918	Erster Weltkrieg
seit 1600	Unterwerfung Sibiriens durch Russland
1776	Unabhängigkeitserklärung der USA
1898 (1900)	Flottengesetze des Deutschen Reiches
1856-1860	Zweiter Opiumkrieg
1607	Gründung von Jamestown in Virginia, der ersten dauerhaften englischen Ansiedlung in Amerika
1904/05	Russisch-Japanischer Krieg
1859	Charles Darwin: „Über die Entstehung der Arten“
1870	Gründung des Deutschen Reiches
1899-1902	Zweiter Burenkrieg. Die Burenrepubliken in Südafrika werden in das Britische Empire eingegliedert.
1848	Goldrausch in Kalifornien
1891-1916	Bau der Transsibirischen Eisenbahn
1853	Öffnung japanischer Häfen durch US-Kriegsschiffe
1492	Kolumbus entdeckte in spanischen Diensten Amerika.
1797	Besetzung der niederländischen Kapkolonie durch Großbritannien

Stationenlernen IMPERIALISMUS Die Aufteilung der Welt – Bestell-Nr. 12 097
KOHL VERLAG

Eine Zeittafel erstellen

Überblick

Lösungen

Jahr	Ereignis
1487/88	Der Portugiese Diaz umrundete als Erster das Kap der Guten Hoffnung.
1498	Vasco da Gama entdeckte den Seeweg nach Indien.
1492	Kolumbus entdeckte in spanischen Diensten Amerika.
1600	Gründung der englischen Ostindien-Kompanie
seit 1600	Unterwerfung Sibiriens durch Russland
1607	Gründung von Jamestown in Virginia, der ersten dauerhaften englischen Ansiedlung in Amerika
1770	Entdeckung Australiens durch James Cook
1776	Unabhängigkeitserklärung der USA
1797	Besetzung der niederländischen Kapkolonie durch Großbritannien
seit 1830	Eroberung Algeriens durch Frankreich
1839-1842	Erster Opiumkrieg zwischen Großbritannien und China
1848	Goldrausch in Kalifornien
1853	Öffnung japanischer Häfen durch US-Kriegsschiffe
1853-1856	Krimkrieg
1856-1860	Zweiter Opiumkrieg
1859	Charles Darwin: „Über die Entstehung der Arten“
1867	russisches Generalgouvernement Taschkent in Zentralasien
1870	Gründung des Deutschen Reiches
1884/85	Erwerb der deutschen Kolonien Deutsch-Südwestafrika, Kamerun und Togo und Deutsch-Ostafrika
1890	Ende der Indianerkriege in den USA
1891-1916	Bau der Transsibirischen Eisenbahn
1898	Faschoda-Krise zwischen Großbritannien und Frankreich
1898	Spanisch-Amerikanischer Krieg
1898 (1900)	Flottengesetze des Deutschen Reiches
1899-1902	Zweiter Burenkrieg. Die Burenrepubliken in Südafrika werden in das Britische Empire eingegliedert.
1900	Boxeraufstand in China
1904/05	Russisch-Japanischer Krieg
1914	Eröffnung des Panama-Kanals
1914-1918	Erster Weltkrieg
1939-1945	Zweiter Weltkrieg
1947	Unabhängigkeit Indiens und Pakistans

Der Begriff „Imperialismus“

!

Begriffe

Politische Bedeutung

Der Begriff ist abgleitet von lat. *imperare = befehlen, herrschen* bzw. *imperium = Befehl, Herrschaft*.

Imperialismus bezeichnet das Streben von Staaten, ihre Macht weit über die eigenen Landesgrenzen hinaus auszudehnen. Dies erfolgt meist dadurch, dass schwächere Länder politisch, wirtschaftlich und/oder kulturell (z.B. Sprache) vom stärkeren Land abhängig gemacht und teilweise ausgebeutet werden.

Epoche

Als Zeitalter des klassischen Imperialismus gilt der Zeitraum zwischen 1870 und 1918. Damals teilten die Kolonialmächte die Gebiete Afrikas und Asiens, die noch keine Kolonien waren, unter sich auf. Ziel war die Ausweitung ihrer Herrschaftsgebiete. Dieser Imperialismus führte schließlich zum Ersten Weltkrieg (1914-1918).

Aufgabe 1: *Fallen dir Beispiele für Weltreiche aus der Geschichte ein?*

____

____

Kolonialismus – Begriff

Begriffe

Aufgabe 1: *Fülle die Lücken mit Hilfe der folgenden Begriffe:*

Frankreich – Südamerika – Erwerb – beherrschen – Rohstoffe – Imperialismus – Entdeckungen – Arbeitskräfte – Vergrößerung

Der Begriff bezeichnet den ________________ von Territorien außerhalb der eigenen Grenzen, zumeist in Übersee. Das Ziel ist die ______________________ der eigenen Macht in Konkurrenz zu anderen Ländern, vor allem aber auch die Ausbeutung der natürlichen Ressourcen und der dort lebenden Menschen als ____________________. Die Kolonialmächte fühlen sich den Fremden überlegen und leiten daraus die Berechtigung ab, sie ____________________ zu dürfen.

Der Kolonialismus der Neuzeit begann mit den großen ____________________ im 15. Jahrhundert. Zunächst erwarben Portugal und Spanien gewaltige Kolonialreiche in Mittel- und ____________________. An den Küsten Afrikas und Asiens errichteten sie Handelsstationen, um die aus dem Hinterland stammenden __________________ einsammeln und nach Europa verschiffen zu können. Das englische und das niederländische Kolonialreich entwickelten sich seit dem 17. Jahrhundert. Im 18. Jahrhunderte folgte auch __________________. Der Kolonialismus erreichte seinen Höhepunkt in der Zeit des ___________________ zwischen 1870 und 1914.

Stationenlernen IMPERIALISMUS
Die Aufteilung der Welt – Bestell-Nr. 12 097
KOHL VERLAG

Der Begriff „Imperialismus“

Begriffe

Lösungen

Aufgabe 1: Mögliche Lösung:

- Römisches Weltreich (Imperium Romanum)
- Osmanisches Reich
- Britisches Weltreich (British Empire)
- ...

Kolonialismus – Begriff

Begriffe

Lösungen

Aufgabe 1: Der Begriff bezeichnet den **Erwerb** von Territorien außerhalb der eigenen Grenzen, zumeist in Übersee. Das Ziel ist die **Vergrößerung** der eigenen Macht in Konkurrenz zu anderen Ländern, vor allem aber auch die Ausbeutung der natürlichen Ressourcen und der dort lebenden Menschen als **Arbeitskräfte**. Die Kolonialmächte fühlen sich den Fremden überlegen und leiten daraus die Berechtigung ab, sie **beherrschen** zu dürfen.

Der Kolonialismus der Neuzeit begann mit den großen **Entdeckungen** im 15. Jahrhundert. Zunächst erwarben Portugal und Spanien gewaltige Kolonialreiche in Mittel- und **Südamerika**. An den Küsten Afrikas und Asiens errichteten sie Handelsstationen, um die aus dem Hinterland stammenden **Rohstoffe** einsammeln und nach Europa verschiffen zu können. Das englische und das niederländische Kolonialreich entwickelten sich seit dem 17. Jahrhundert. Im 18. Jahrhundert folgte auch **Frankreich**. Der Kolonialismus erreichte seinen Höhepunkt in der Zeit des **Imperialismus** zwischen 1870 und 1914.

Großreiche in der Antike

!

Vorgeschichte

Zwei antike Großreiche verdienen besondere Aufmerksamkeit: das **Weltreich des makedonischen Königs Alexanders des Großen** (König 326 - 323 v. Chr.) und das **Römische Weltreich**.

Alexander unterwarf mit seinen Truppen weite Teile der antiken Welt. Sein Reich erstreckte sich schließlich von Makedonien im Nordwesten bis zum Indus im Osten. Die Regierungszeit Alexanders und die Zeit nach seinem Tod wird als die Epoche des Hellenismus bezeichnet. Einflussreiche Teile der orientalischen Bevölkerung bedienten sich der griechischen Sprache und übernahmen die griechische Kultur. In den genannten Gebieten entfaltete sich ein reiches Wirtschaftsleben.

Das Römische Weltreich (Imperium Romanum) entstand schrittweise über Jahrhunderte. Auf seinem Höhepunkt reichte es von Britannien bis nach Mesopotamien, von Germanien bis auf den Balkan. Über Generationen lernten die Römer, effiziente Herrschafts- und Verwaltungsstrukturen aufzubauen und ihre Macht zu sichern. Zu den Methoden ihres Vorgehens gehörten die bedingungslose Unterwerfung fremder Völker oder aber die diplomatisch kluge Einbeziehung der jeweiligen regionalen Eliten (= Führungsschicht). Die politische Herrschaft ermöglichte die Ausbreitung der lateinischen Sprache und Kultur über weite Teile Europas. Das Reich lebte – lange nach seinem Untergang im Westen – seit 800 n. Chr. im Heiligen Römischen Reich Kaiser Karls des Großen weiter.

Aufgabe 1: *Finde mit Hilfe geschichtlicher Karten oder des Internets heraus, welche heutigen Länder damals*

a) *zum Reich Alexanders des Großen*

b) *zum römischen Imperium gehörten.*

Nenne Beispiele und trage sie anschließend in der Tabelle ein.

Reich Alexanders des Großen	Römisches Reich

Aufgabe 2: *Was ist ein „Großreich"? Versuche, in eigenen Worten zu erklären.*

Stationenlernen IMPERIALISMUS
Die Aufteilung der Welt – Bestell-Nr. 12 097
KOHL VERLAG

Großreiche in der Antike

Lösungen

Aufgabe 1:

Reich Alexanders des Großen	Römisches Reich
Griechenland	Italien
Bulgarien	Frankreich
Türkei	Spanien
Israel	Portugal
Irak	Belgien
Iran	Teile Deutschlands
Afghanistan	Kroatien
Pakistan	Makedonien
...	Griechenland
	Türkei
	Syrien
	Teile Ägytens und Algeriens
	...

Aufgabe 2: Ein Großreich erstreckt sich über ein unverhältnismäßig großes Gebiet und ist ein Zusammenschluss mehrerer Stämme und Völker. Dieser Zusammenschluss kann friedlich erfolgen und wird durch Verträge besiegelt. Oft werden die fremden Völker aber auch mit Gewalt und Krieg abhängig gemacht. Alle werden von einem Herrscher oder von einer Herrschergruppe regiert. In der Regel geht der bestimmende Einfluss von einem Volk aus. Um den inneren Zusammenhalt zu stärken, werden politische, kulturelle und wirtschaftliche Vereinheitlichung angestrebt.

In Alexanders Reich waren das bestimmende Volk seine Makedonen. Allerdings respektierte er die Sonderstellung der Perser und ihres bis dahin mächtigen und kulturell hochstehenden Reiches. Das beweist u. a. die Massenhochzeit zwischen Makedonen und Persern im Jahr 324 v. Chr.

Das römische Weltreich entstand aus kleinsten Anfängen. Der Stadtstaat Rom eroberte schrittweise ganz Italien und breitete sich dann im ganzen Mittelmeerraum aus (mare nostrum = unser Meer). Die Römer blieben das Staatsvolk.

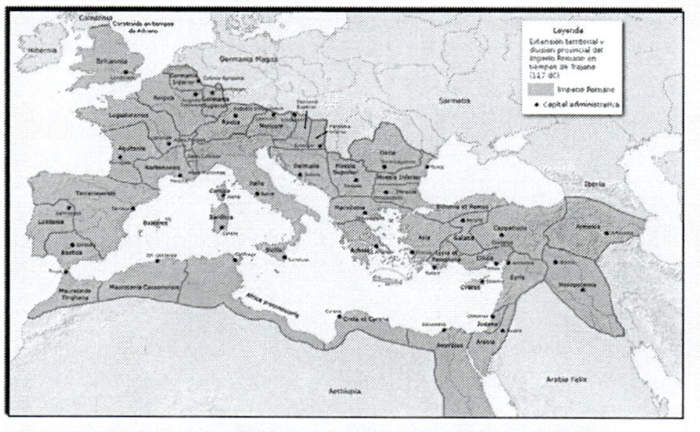

Das Römische Reich in den Jahren 115-117

Stationenlernen IMPERIALISMUS
Die Aufteilung der Welt – Bestell-Nr. 12 097
KOHL VERLAG

Großreiche im Mittelalter

!

Karl der Große (Albrecht Dürer)

Im Barbarenland jenseits der römischen Grenzen gab es eine unüberschaubar große Zahl verschiedenster germanischer Stämme und Völkerschaften. Erst spät bildeten sich die Großstämme heraus, deren Namen wir heute kennen, z. B. die Franken, Alemannen oder Sachsen. In der Völkerwanderungszeit gründeten sie eine Reihe germanisch beherrschter Staaten (z. B. das Ostgotenreich Theoderichs in Italien oder das Westgotenreich in Spanien). Allerdings lässt sich hier wohl kaum von Großreichen sprechen.

Eine Ausnahme bildete das **Frankenreich**, das aus bescheidenen Anfängen zu einem europäischen Großreich heranwuchs. Seit dem Merowingerkönig Chlodwig (König von 481/82 – 511) und seinen Söhnen umfasste es nahezu das gesamte heutige Frankreich und weite Teile des späteren Deutschland. Unter dem Frankenkönig Karl, der im Jahr 800 vom Papst in Rom zum Kaiser gekrönt wurde, erreichte es seine größte Ausdehnung. Nun erstreckte es sich von den Pyrenäen bis zur Nordseeküste, vom Atlantik bis nach Mittelitalien und Ungarn. Aus diesem Großreich entstanden später vor allem Frankreich und Deutschland.

Schon bei der fränkischen Staatsbildung hatte die Religion eine wichtige Rolle gespielt. Für die weitere Geschichte Europas wurde es sehr wichtig, dass sich Chlodwig um 496 taufen ließ und sich damit zum römisch-katholischen Glauben bekannte. Die enge Verbindung Karls des Großen mit Religion und Kirche wurde dadurch symbolisch unterstrichen, dass ihn der Papst als höchste religiöse Autorität zum Kaiser krönte.

Religiöse Fundamente hatte auch das seit dem 7. Jahrhundert entstandene **islamische Großreich**. Mohammed (zwischen 570/573 - 632) hatte die neue Religion begründet. Sie erwies sich in der Folgezeit als außerordentlich expansiv und verbreitete sich rasch über weite Teile der alten Welt. Viele Stämme und Völkerschaften übernahmen den neuen Glauben freiwillig, andere wurden von muslimischen Kriegern unterworfen und zur Annahme des Islam gezwungen. Um die Mitte des 8. Jahrhunderts – kurz vor der Regierungszeit Karls des Großen – reichte das islamische Gebiet von Arabien, dem Mutterland der neuen Lehre, bis zum Indus, von Ägypten und Nordafrika bis nach Spanien.

Aufgabe 1: *Ergänze die folgenden Satzanfänge.*

a) *Unter den Germanen waren die Franken die einzigen, ...*

b) *Das Reich Kaiser Karls lässt sich als Großreich definieren, weil ...*

c) *Das heutige Frankreich und Deutschland ...*

d) *König Chlodwig ...*

Aufgabe 2: *Welche Bedeutung hatte die Religion für die Entstehung des islamischen Großreiches?*

Stationenlernen IMPERIALISMUS
Die Aufteilung der Welt – Bestell-Nr. 12 097
KOHL VERLAG

Großreiche im Mittelalter

Lösungen

Aufgabe 1: Mögliche Lösung:

a) ... die ein Großreich gründeten.

b) ... es für mittelalterliche Verhältnisse unverhältnismäßig groß war und darin verschiedene Stämme und Völker lebten, die kulturell sehr unterschiedlich waren.

c) ... gehörten damals zum Frankenreich.

d) ... ließ sich taufen und legte somit den Grundstein für die christliche Prägung Europas.

Aufgabe 2: Die Religion war von ganz entscheidender Bedeutung. Das Großreich, das sich aus zahlreichen unterschiedlichen Stämmen, Völkerschaften und Völkern zusammensetzte, wurde vor allem durch den gemeinsamen Glauben, den Islam, zusammengehalten. Allerdings gewann die arabische Kultur weit über Arabien hinaus großen Einfluss. Das gilt vor allem auch für die arabische Sprache, die Sprache des Propheten Mohammed, in der ja auch der Koran abgefasst ist.

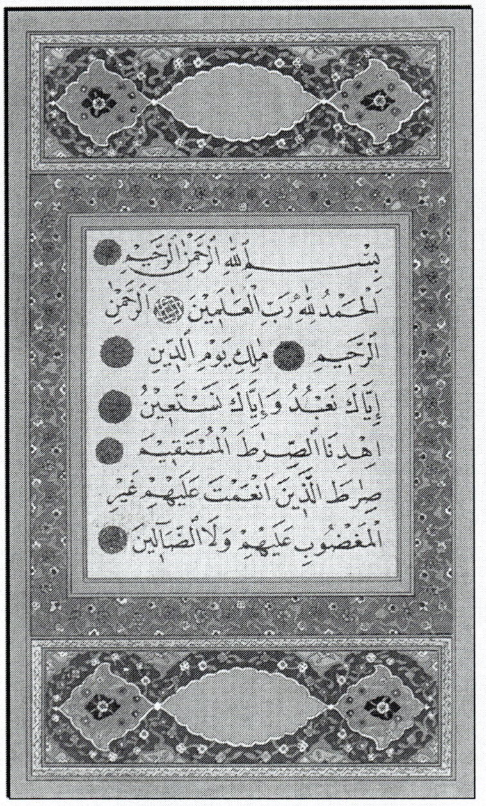
بسم الله الرحمن الرحيم
الحمد لله رب العالمين الرحمن
الرحيم ملك يوم الدين
إياك نعبد وإياك نستعين
اهدنا الصراط المستقيم
صراط الذين أنعمت عليهم غير
المغضوب عليهم ولا الضالين

Die erste Sure (Abschnitt) in einer schönen, kalligraphischen Koranhandschrift

„Im Namen Allahs, des Gnädigen, des Barmherzigen. Aller Preis gehört Allah, dem Herrn der Welten, dem Gnädigen, dem Barmherzigen, dem Meister des Gerichtstages. Dir allein dienen wir, und zu Dir allein flehen wir um Hilfe. Führe uns auf den geraden Weg, den Weg derer, denen Du Gnade erwiesen hast, die nicht (Dein) Missfallen erregt haben und die nicht irregegangen sind." (1. Sure)

Stationenlernen IMPERIALISMUS
Die Aufteilung der Welt – Bestell-Nr. 12 097
KOHL VERLAG

Großreiche in der Neuzeit – Übersicht ✶

Zu nennen wären die sich über den gesamten Erdball erstreckenden Kolonialreiche Portugals und Spaniens, Großbritanniens, Frankreichs und der Niederlande. Dabei ist zu beachten, dass der Begriff „Kolonialismus“ nicht deckungsgleich mit dem des „Imperialismus“ ist. Immerhin, die überseeischen Kolonien symbolisierten die Macht der jeweiligen Mutterländer und trugen erheblich zu deren wirtschaftlicher Blüte bei. Zu erwähnen sind in diesem Zusammenhang u. a die riesigen Goldschätze, die vor allem von den Spaniern in Mittel- und Südamerika erbeutet wurden. Hinzu kamen ungeheure Mengen kostbarer Rohstoffe.

Ein großes und mächtiges Weltreich war auch das Osmanische Reich. Die Herrschaft der Osmanen, einer türkischen Dynastie, existierte von etwa 1300 bis zum Jahr 1922. Seine größte Ausdehnung erlangte es im 16. und 17. Jahrhundert. Es umfasste damals das Stammland Anatolien und reichte von Persien über Ägypten nach Nordafrika sowie im Norden bis nach Ungarn. Bekanntlich unternahmen die Osmanen („Türken“) zweimal den Versuch, Wien, die Hauptstadt des Heiligen Römischen Reiches, zu erobern (1529 und 1683).

Die innere Schwäche des Osmanischen Reiches führte dazu, dass es zunehmend Gebiete verlor. Der „kranke Mann am Bosporus“ gehörte im Ersten Weltkrieg als Verbündeter des Deutschen Reiches zu den Verlierern. Im Jahr 1922 wurde das Osmanische Reich aufgeteilt. Es entstand nun – vor allem auf anatolischem Gebiet – als viel kleinerer Nachfolgestaat die Türkei.

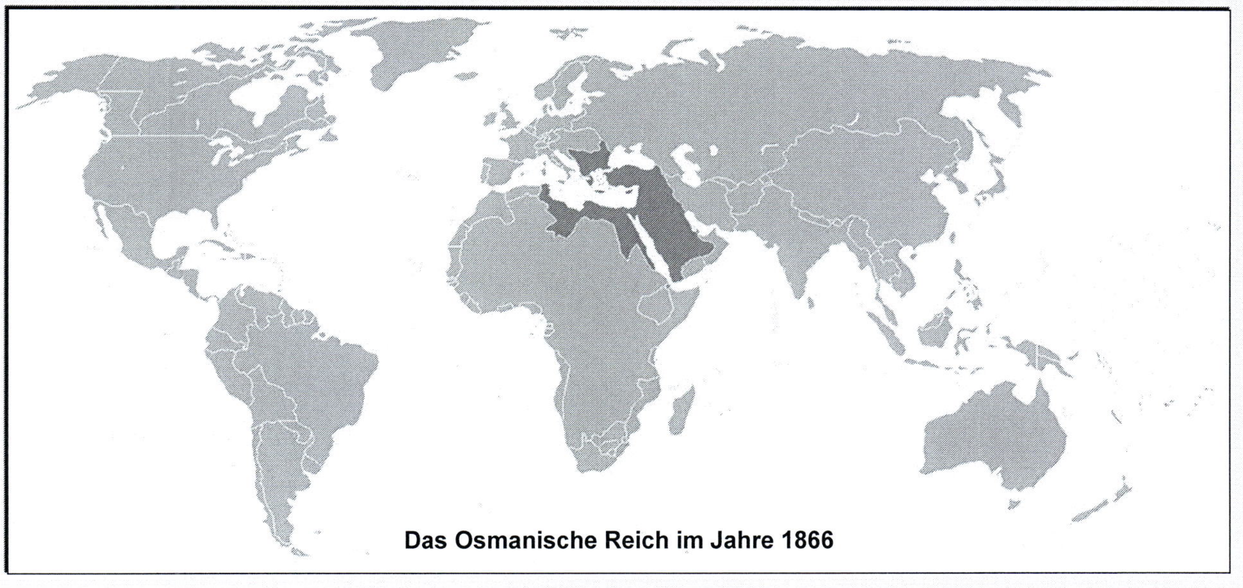

Das Osmanische Reich im Jahre 1866

Eine Sonderstellung unter den Großreichen nimmt die Sowjetunion ein, über die noch zu sprechen sein wird. Im Herbst 1917 („Oktoberrevolution“) und in den blutigen Bürgerkriegsjahren danach eroberten Lenin und seine kommunistisch-bolschewistische Partei die politische Macht in Russland. Auf dieser Grundlage schuf Stalin ein mächtiges Weltreich. Er annektierte bis dahin selbstständige Länder, u. a. die baltischen Staaten. Nach dem Zweiten Weltkrieg wurde eine Reihe von ost-mitteleuropäischen Ländern kommunistisch und durch ein militärisches Vertragssystem, den Warschauer Pakt, an die Sowjetunion gebunden.

Aufgabe 1: *Was versteht man unter „Kolonien“? Versuche zu erklären.*

Aufgabe 2: *Sowohl beim Osmanischen Reich als auch bei der späteren Sowjetunion ging es nicht allein um Machtgewinn und materielle Vorteile. Wodurch wurden diese Großreiche zusammengehalten?*

Stationenlernen IMPERIALISMUS
Die Aufteilung der Welt – Bestell-Nr. 12 097
KOHL VERLAG

Großreiche in der Neuzeit – Übersicht

Lösungen

Aufgabe 1: Nach unserem Verständnis ist eine Kolonie ein außerhalb des eigenen Territoriums liegendes, politisch vom Mutterland völlig abhängiges Gebiet. Es besitzt keine politische und wirtschaftliche Eigenständigkeit. Es liefert vor allem Agrarprodukte und Rohstoffe, die im Wesentlichen dem Mutterland zugutekommen, und dient gelegentlich als Siedlungsraum für dessen Bevölkerungsüberschuss.

Aufgabe 2: Das Osmanische Reich ruhte auf einer religiösen Grundlage, nämlich dem Islam. Er war das Band zwischen den Völkern unterschiedlichster ethnischer Herkunft.
Die zahlreichen Völker der Sowjetunion (über 120 verschiedene Sprachen) und des nach dem Zweiten Weltkrieg entstandenen Ostblocks waren durch die marxistisch-leninistische Ideologie miteinander verbunden. Diese, der „wissenschaftliche Sozialismus", ließ sich durchaus mit religiösen Dogmen vergleichen.

Kaiser Karl V. von Peter Paul Rubens. Als König von Spanien und Kaiser des Heiligen Römischen Reiches herrschte er in einem Reich, in dem die Sonne nie unterging.

Aus der Abdankungserklärung des Kaisers (1555):

„Seid einig, übt stets Gerechtigkeit und lasset den Unglauben nicht in eure Reihen."

Stationenlernen IMPERIALISMUS
Die Aufteilung der Welt – Bestell-Nr. 12 097
KOHL VERLAG

Die Anfänge der kolonialen Großreiche

Portugal entdeckt den Seeweg nach Asien

Portugal war die erste große Kolonialmacht. Die Geschichte der portugiesischen Kolonisation begann mit der Eroberung von Ceuta in Nordafrika an der Straße von Gibraltar im Jahr 1415. Im **Zeitalter der Entdeckungen** unternahmen wagemutige Seefahrer auf der Suche nach einem Wasserweg nach Asien abenteuerliche Expeditionen in eine bislang unbekannte Welt. Zunächst erforschten sie Schritt für Schritt die Westküste Afrikas.

Vasco da Gama bei der Ankunft in Kalikut, 1498

Der Portugiese Bartolomeu Diaz umrundete 1487/88 als Erster das gefürchtete Kap der Guten Hoffnung an der Südspitze Afrikas. Im Jahr 1498 gelang es Vasco da Gama, den Seeweg nach Indien zu entdecken. Seit dieser Zeit entwickelte sich Portugal zur führenden See- und Handelsmacht Europas. Durch das Umsegeln des Kaps der Guten Hoffnung und damit Afrikas gelang es ihm, den Zwischenhandel durch arabische und andere Kaufleute auszuschalten. Einerseits wurden die nach Europa verschifften Gewürze dadurch billiger; andererseits konnten die Portugiesen durch den Orienthandel gewaltige Gewinne verbuchen.

Aufgabe 1: *Was beinhaltet der Begriff „Zeitalter der Entdeckungen"?*

Aufgabe 2: *Welche Möglichkeiten wurden durch die Entdeckungsreisen von Bartolomeu Diaz und Vasco da Gama eröffnet?*

Stationenlernen IMPERIALISMUS – Die Aufteilung der Welt – Bestell-Nr. 12 097
KOHL VERLAG

Die Anfänge der kolonialen Großreiche

Der Untergang des portugiesischen Kolonialreiches

Nachdem Portugal den Seeweg nach Asien um Afrika herum entdeckt hatte, erwarb es zahlreiche Kolonien in Afrika, Amerika, Süd- und Südostasien sowie in China. Fürs erste war das Mutterland nicht daran interessiert, größere Gebiete in Besitz zu nehmen, das auch deshalb nicht, weil die Bevölkerungszahl Portugals für eine flächendeckende koloniale Ansiedlung und Beherrschung zu gering war. Man begnügte sich damit, an den Küsten Stützpunkte zu erobern und zu befestigen und Handelszentren, sogenannte Faktoreien, einzurichten.
Eine bemerkenswerte Ausnahme bildete Brasilien (1549). Später kamen als größere Kolonien Mozambik (1502) und Angola (1575) hinzu.
Mit dem Aufstieg andere Kolonialmächte, vor allem der Briten, Niederländer und Franzosen, begann der schrittweise Niedergang des portugiesischen Kolonialreiches. Vor allem gingen Niederlassungen in Asien verloren. Weitere Gebiete erlangten in der Zeit der Dekolonisation in der zweiten Hälfte des 19. Jahrhunderts ihre Unabhängigkeit. Der letzte koloniale Besitz, Macau (Macao), wurde im Jahr 1999 an die Volksrepublik China übergeben bzw. zurückgegeben.

Aufgabe 1: *Wahr oder falsch? Kreuze an und korrigiere anschließend.*

	Richtig	Falsch
a) Portugal entdeckte Australien und erwarb es als Kolonie.		
b) Portugals vorrangiges Ziel bestand in der Besiedlung der Kolonien.		
c) Portugal verlor seine Stellung als führende Seemacht an die Briten, Niederländer und Franzosen.		

Aufgabe 2: *Kannst du dir vorstellen, warum die Portugiesen ihre Handelszentren vorrangig am Meer erbauten?*

Stationenlernen IMPERIALISMUS – Die Aufteilung der Welt – Bestell-Nr. 12 097
KOHL VERLAG

Die Anfänge der kolonialen Großreiche

Portugal entdeckt den Seeweg nach Asien

Lösungen

Aufgabe 1: Gemeint ist die Zeit um 1500 und unmittelbar danach. Vermutlich wurde die Abenteuerlust durch die neue Geisteshaltung der Renaissance begünstigt. Portugiesische und spanische Seefahrer stachen in See und versuchten, noch unbekannte Küsten und Landstriche aufzufinden. Beispielhaft seien hier die Entdeckungen Amerikas im Jahr 1492 durch Christoph Kolumbus und der Schifffahrtsroute um die Südspitze Afrikas nach Indien im Jahr 1498 durch Vasco da Gama genannt.

Die europäischen Mächte nutzen die Entdeckungen, um in Übersee Handelsstützpunkte und Kolonien einzurichten. Der Handel brachte – trotz aller Gefahren und Risiken – enorme Gewinne. Nicht zu vergessen sind die gewaltigen Mengen an Gold und anderen Schätzen, die den Ureinwohnern vor allem in Süd- und Mittelamerika geraubt wurden.

Aufgabe 2: Direkte Verbindungen nach Indien und nach Asien insgesamt waren in der genannten Zeit nicht möglich. Die von dort kommenden Waren – besonders begehrt waren tropische Gewürze – wurden durch Zwischenhändler, u. a. Araber, nach Europa geliefert und dadurch sehr teuer. Nun konnten die Portugiesen in der Folge andere europäische Länder den Handel selbst in die Hand nehmen und die exotischen Waren mit großem Gewinn verkaufen. Hinzu kam, dass sich Portugal, Spanien, die Niederlande und Großbritannien in den fernen Weltgegenden festsetzten, um die Warenproduktion und den Handel unter ihre Kontrolle zu bringen.

Die Anfänge der kolonialen Großreiche

Der Untergang des portugiesischen Kolonialreiches

Lösungen

Aufgabe 1:

a) Falsch: Es entdeckte den Seeweg nach Asien um Afrika herum und erwarb Kolonien u. a. in Afrika, Süd- und Südostasien sowie in China.

b) Portugals vorrangiges Ziel bestand in der Einrichtung von Handelsstützpunkten.

c) Wahr

Aufgabe 2: Die Portugiesen bauten ihre Handelsstützpunkte vor allem am Meer. Hier konnten ihre Schiffe vor Anker gehen und die aus dem Binnenland herbeigeschafften Waren an Bord nehmen.

Da fremde Seefahrer und Piraten eine dauerhafte Bedrohung darstellten, wurden die Faktoreien in der Regel mit Mauern befestigt und mit Kanonen bestückt.

Alte portugiesische Befestigungsanlagen in Macau

Die Anfänge der kolonialen Großreiche

Spaniens Anfänge

!

Die Landung des Columbus 1492, Kupferstich aus dem Jahr 1594

Die koloniale Ausdehnung Spaniens begann bereits im 13. und 14. Jahrhundert. Das Königreich Aragon im Osten der iberischen Halbinsel erwarb fremde Gebiete im Mittelmeerraum bis nach Griechenland. Durch die Heirat Ferdinands II. von Aragon und Isabellas I. von Kastilien im Jahr 1469 entstand ein zusammenhängendes spanisches Territorium. Ähnlich wie die Portugiesen begannen sich die Spanier nun auch für fernere überseeische Gebiete zu interessieren.

Das Jahr 1492 wurde zum Epochenjahr. Nach langen Kämpfen konnte die Reconquista (span. Rückeroberung) beendet werden. Die islamischen Mauren verloren mit dem Fall Granadas ihre letzte Bastion in Spanien. Im selben Jahr entdeckte der genuesische Kapitän in spanischen Diensten Christoph Kolumbus (Cristóbal Colón) auf seiner Entdeckungsfahrt nach Westen den neuen Kontinent Amerika. Ziel war es gewesen, einen westlichen Seeweg nach Asien zu finden. Bis an sein Lebensende ging Kolumbus davon aus, das Land Zipangu (Japan) erreicht zu haben.

Fortan konkurrierte Spanien mit der Seemacht Portugal. Ähnlich wie die Nachbarn wollte das Land vom Seehandel mit Südost- und Ostasien profitieren. Die begehrtesten und gewinnbringendsten Handelsgüter waren tropische Gewürze (Pfeffer, Gewürznelken, Muskat, Zimt) und feine Seidenstoffe aus China. Vor der Entdeckung der Schifffahrtsroute um die Südspitze Afrikas (Vasco da Gama) hatten u. a. arabische und italienische Zwischenhändler am Orienthandel üppig verdient.

Aufgabe 1: *Inwiefern lässt sich das Jahr 1492 als „Epochenjahr" bezeichnen?*

Die Anfänge der kolonialen Großreiche

Die Folgen der Entdeckung Amerikas

Aufgabe 1: *Fülle die Lücken mit Hilfe der Begriffe.*

spanischen – Amerikas – Inkareich – Christentum – Europäern – Beutezüge – Gold

Die Entdeckung ________________ schuf die Voraussetzungen für einen beispiellosen Eroberungsfeldzug (span. Conquista). Nun strömten Scharen von ________________ Abenteurern in das ferne Land, um hier ihr Glück zu machen. Bekannt sind vor allem die brutalen ________________ der Konquistadoren Hernán Cortés gegen das Aztekenreich in Mexiko und Francisco Pizarro gegen das ________________ in Südamerika. Das Hauptmotiv der Konquistadoren war, auf ihren Raubzügen Ruhm und Reichtum, vor allem in Form von ________________ , zu gewinnen. Das Heidentum der Indios diente den ________________ als moralische Rechtfertigung. Missionare versuchten sie mehr oder weniger gewaltsam zum ________________ zu bekehren.

Aufgabe 2: *Die spanische Conquista in Mittel- und Südamerika: Welche Folgen ergaben sich daraus für die Indios? Was vermutest du?*

Spaniens Anfänge

Die Anfänge der kolonialen Großreiche

Lösungen

Aufgabe 1: Nach der Vereinigung der Königreiche Aragon und Kastilien wurde Spanien zu einem großen, mächtigen Land. Im Jahr 1492 gelang es ihm, die seit langem andauernde Reconquista gegen die islamischen Mauren durch die Unterwerfung Granadas zu beenden.
Im gleichen Jahr unternahm Christoph Kolumbus seine Entdeckungsfahrt nach Westen, um eine neue Schifffahrtsroute nach Asien ausfindig zu machen. Zufällig entdeckte er dabei, ohne es zu ahnen, den neuen Kontinent Amerika, der in der Folgezeit großenteils von Spanien durch die Gründung von Kolonien in Besitz genommen wurde.

Das spanische Kolonialreich – Die wichtigsten Besitzungen in Übersee

Amerika:
Vizekönigreich Neuspanien (1535-1821)
Vizekönigreich Peru (1542-1823)
Vizekönigreich Neugranada (1717- 1810)
Vizekönigreich des Rio de la Plata 1776-1811)
Jamaika (1509-1670)
Kuba (1492-1898)
Fast das gesamte Süd- und Mittelamerika gehörte zu Spanien. Brasilien war aber ausnahmsweise portugiesisch (Teilungsvertrag von Tordesillas, 1494) .

Asien:
Philippinen (1565-1898)

Die Folgen der Entdeckung Amerikas

Die Anfänge der kolonialen Großreiche

Lösungen

Aufgabe 1: Amerikas, spanischen, Beutezüge, Inkareich, Gold, Europäern, Christentum

Aufgabe 2: Die bis dahin bestehenden Indioreiche wurden von den Spaniern zerstört, die Indios ihrer Schätze beraubt. Die Konquistadoren bekehrten die Einheimischen nach und nach zum christlichen Glauben und zerstörten die überkommene Kultur. Das Land wurde in mehrere Kolonien (Vizekönigtümer) aufgeteilt. Mehr und mehr setzte sich das Spanische als Standard- und Hochsprache durch. Die überkommenen Idiome erhielten sich in vielen Gegenden als regionale Eingeborenensprachen.

Kathedrale von Mexiko-Stadt, die älteste in Amerika (erbaut seit 1573)

Die Anfänge Großbritanniens

Münze der Ostindien-Kompanie (1808)

Das britische Weltreich (British Empire) erreichte während des imperialen Zeitalters im frühen 20. Jahrhundert seine größte Ausdehnung. Zu diesem Zeitpunkt besaß Großbritannien das größte und mächtigste Überseegebiet der Erde. Das ist u.a. heute noch daran zu erkennen, dass in weiten Teilen der Welt (Nordamerika, Afrika, Südostasien und Australien) Englisch gesprochen wird. Es umfasste seinerzeit ein Viertel der gesamten Erdoberfläche und ein Viertel der Weltbevölkerung. Für Großbritannien galt, was schon für Spanien gegolten hatte: In diesem Reich ging die Sonne nie unter!

Begonnen hat diese Entwicklung mit den ersten Erkundungen gegen Ende des 15. Jahrhunderts: Angeregt durch die portugiesische und spanische Expansion auf den Weltmeeren ließ der englische König Heinrich VII. erste Expeditionsfahrten unternehmen und – dem Beispiel von Christoph Kolumbus folgend – nach einer westlichen Schifffahrtsroute nach Asien suchen. Dabei entdeckte der von ihm unterstützte italienische Seefahrer Giovanni Caboto im Jahr 1497 Neufundland im Osten Kanadas. Er war der erste Europäer, der das nordamerikanische Festland erreichte.

Unter Königin Elisabeth I. (Königin 1558-1603) gab es keine nennenswerten Versuche, ein Kolonialreich in Übersee zu begründen. Allerdings beteiligte sich die englische Krone auf ganz andere Weise an dem Konkurrenzkampf auf hoher See: Ganz offiziell förderte sie die Piraterie. Sogenannte Freibeuter, z. B. Francis Drake und John Hawkins, überfielen portugiesische und spanische Niederlassungen in Westafrika und Südamerika. Sie machten reiche Beute, indem sie die auf dem Heimweg befindlichen spanischen Goldschiffe enterten und ausraubten. Nun wurden In England Stimmen laut, welche die Errichtung eines Kolonialreiches nach dem Vorbild Portugals und Spaniens forderten.

Die Anfänge des britischen Weltreiches liegen in der Zeit des frühen 17. Jahrhunderts. Besonders bemerkenswert sind die frühe Besiedlung Nordamerikas und die Gründung einer privaten Überseehandelsgesellschaft im Jahr 1600, der Ostindien-Kompanie (British East India Company).

Aufgabe 1: *Verbinde, was zusammengehört.*

1. „British Empire" bedeutet übersetzt	**a)** der diese Insel entdeckte.
2. Die erste britische Entdeckung war	**b)** der Ostindien-Kompanie im Jahre 1600.
3. Giovanni Caboto war es,	**c)** Neufundland.
4. Lange Zeit hatten die Briten vorerst	**d)** die eigentliche Entwicklung zu einem Weltreich.
5. Stattdessen plünderten britische Freibeuter	**e)** „Britisches Weltreich".
6. Erst im Laufe des 17. Jahrhunderts begann	**f)** spanische und portugiesische Niederlassungen.
7. Ein Meilenstein war dabei die Gründung	**g)** erreichte das British Empire seinen Höhepunkt.
8. Im frühen 20. Jahrhundert	**h)** kein Interesse an einem eigenen Kolonialreich.

Aufgabe 2: *Erkläre in eigenen Worten, warum Englisch heute Weltsprache ist.*

Stationenlernen IMPERIALISMUS
Die Aufteilung der Welt – Bestell-Nr. 12 097
KOHL VERLAG

Die Anfänge Großbritanniens

Lösungen

Aufgabe 1: 1. – e); 2. – c); 3. – a); 4. – h); 5. – f); 6. – d); 7. – b); 8. – g)

Aufgabe 2: Das British Empire hat, auch wenn es als solches nicht mehr besteht, deutliche Spuren hinterlassen. In vielen Ländern der Erde – außerhalb Großbritanniens – wird Englisch gesprochen. Wegen seiner weiten Verbreitung ist das Englische zu einer allgemein akzeptierten Weltsprache (Zweitsprache) geworden. In den ehemals britisch beherrschten Gebieten sind darüber hinaus oft zusätzliche kulturelle Einflüsse (Schulwesen, Militär, Lebensweise u. a.) nachweisbar.

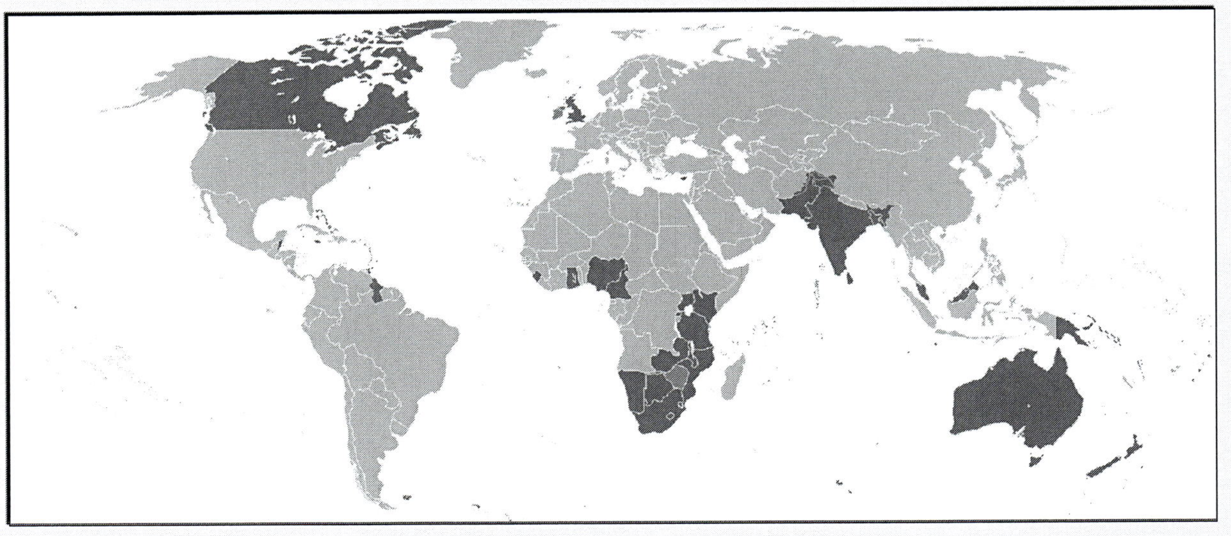

Commonwealth of Nations (ausgeschieden Irland, Gambia, die Malediven, Simbabwe und Hongkong)

„Der Minimalinhalt des Begriffs Kolonie besteht in Siedlung *oder* *Herrschaft, der Maximalinhalt in Siedlung* *und* *Herrschaft."* (Wolfgang Reinhard)

Der Verfasser dieser Definition unterscheidet zwischen Stützpunkt-, Siedlungs- und Herrschaftskolonien.

Stationenlernen IMPERIALISMUS
Die Aufteilung der Welt – Bestell-Nr. 12 097
KOHL VERLAG

Großbritannien wird führende Kolonialmacht

⦿ ✶

Früh gründeten die Engländer Kolonien in der **Karibik**. Hier errichteten sie – nach dem Beispiel der Portugiesen in Brasilien – Zuckerrohrplantagen, die hohe Gewinne erzielten. Sie wurden von Sklaven bearbeitet, die aus Afrika importiert worden waren. Überhaupt spielte der **Sklavenhandel** eine sehr wichtige Rolle. Bis zum Verbot im Jahr 1807 wurden von den Briten 3,5 Millionen farbige Afrikaner in die neue Welt verschleppt und vor allem bei der Plantagenarbeit (Zucker, Baumwolle) ausgebeutet.

Zukunftweisend wurden die englischen Ansiedlungen in **Nordamerika**. Im Jahr 1607 entstand Jamestown in Virginia als erste dauerhafte Niederlassung. Im Jahr 1620 siedelten sich die Pilgerväter, eine in England unterdrückte streng puritanische Glaubensgemeinschaft, in Massachusetts an. Weitere Niederlassungen auf dem nordamerikanischen Subkontinent entstanden in rascher Folge. Schließlich bestand das britische Kolonialreich, Neu-England, aus dreizehn Kolonien. Aus ihnen würden eines Tages, zwischen 1776 und 1783, die Vereinigten Staaten von Amerika hervorgehen.

In zahlreichen Auseinandersetzungen hatte sich Großbritannien bis zum Ende des Siebenjährigen Krieges (1756-1763) zur führenden Kolonialmacht entwickelt. Seine Macht wuchs erneut, als es ihm im Jahr 1805 gelang, die französische Flotte Kaiser Napoleons I. in der Schlacht von Trafalgar vernichtend zu schlagen.

Zum Aufstieg Großbritanniens trugen auch die schrittweise erfolgenden Erwerbungen in **Indien** bei. Zunächst hatte sich Großbritannien politisch zurückgehalten und sich vor allem auf den Handel der Britischen Ostindien-Kompanie konzentriert, um größere Konflikte mit den Mogulherrschern zu vermeiden. Die Dynastie der Moguln stammte aus Innerasien und bekannte sich zum islamischen Glauben. Mit dem Machtverlust der Moguln verstärkte sich der britische Einfluss immer mehr. Dort, wo es möglich war, arrangierten sich die Briten mit den regionalen Herrschern. Wer sich ihnen widersetzte, wurde entmachtet und abgesetzt. In einem symbolischen Akt feierte Großbritannien seine Herrschaft über fast ganz Indien: Im Jahr 1876, bereits in der Zeit des Imperialismus, nahm Königin Viktoria den Titel einer „Kaiserin von Indien“ (Empress of India) an.

Das im Jahr 1770 von James Cook entdeckte **Australien** besaß wegen der großen Entfernung vom Mutterland zunächst keine nennenswerte Bedeutung für die Briten. Das änderte sich, als die dreizehn nordamerikanischen Kolonien ihre Unabhängigkeit proklamierten. Bislang hatte Großbritannien verurteilte Straftäter, etwa eintausend im Jahr, nach Amerika deportiert. Weil das nun nicht mehr möglich war, besann man sich auf den weltfernen fünften Kontinent als sicheren Aufenthaltsort. Der erste Sträflingstransport landete hier im Jahr 1788. Die Besiedlung Australiens schritt nur zögernd voran. Allerdings wurde das Land bald ein wichtiger Exporteur für Schafswolle und Gold.

Aufgabe 1: *Bringe die Sätze in die richtige zeitliche Reihenfolge.*

a) Großbritannien weitet seine Herrschaft über Indien aus.

b) Dort errichten die Briten Zuckerrohrplantagen und bewirtschafteten diese mit Hilfe von Sklaven.

c) Die ersten Kolonien erwarb Großbritannien im frühen 17. Jahrhundert in der Karibik.

d) Nach dem Siebenjährigen Krieg verliert Frankreich einen Großteil seiner amerikanischen und indischen Besitzungen an Großbritannien.

e) Kurz darauf, im Jahre 1607, gründen sie ihre erste dauerhafte Kolonie in Nordamerika.

f) Großbritannien verliert nach der Amerikanischen Revolution seine Kolonien in Nordamerika.

g) Der englische Seefahrer James Cook entdeckt Australien und nimmt es für Großbritannien in Besitz.

Aufgabe 2: *Welche Rolle spielte der Sklavenhandel für die Kolonialmächte?*

Stationenlernen IMPERIALISMUS
Die Aufteilung der Welt – Bestell-Nr. 12 097
KOHL VERLAG

Großbritannien wird führende Kolonialmacht

Lösungen

Aufgabe 1: c); b); e); d); a); g); f)

Aufgabe 2: Die neuen Kolonien in der Karibik und auf dem amerikanischen Festland boten günstige klimatische Voraussetzungen für die Plantagenwirtschaft. Hier konnten u. a. Zuckerrohr und Baumwolle angepflanzt werden, die auf dem europäischen Markt mit hohen Gewinnen zu verkaufen waren.
Die Arbeit auf den Plantagen war schwer und eintönig. Die Zahl der europäischen Kolonisten war zu gering, um den Bedarf an Arbeitskräften zu befriedigen. Im Übrigen waren sie an das subtropische und tropische Klima mit seinen hohen Temperaturen nicht gewöhnt. Der Versuch, einheimische Indios für die Arbeiten einzusetzen, misslang. Viele starben an den Strapazen, vor allem auch an den von den Europäern eingeschleppten Infektionskrankheiten.
So kam der Gedanke auf, die kräftigeren und robusteren „Neger“ (lat. Niger = schwarz) aus Afrika zu importieren. Sie wurden von Menschenjägern eingefangen und auf menschenunwürdige Art und Weise über den Atlantik transportiert. Auf Sklavenmärkten wurden sie an ihre zukünftigen Herren, denen sie als billige Arbeitskräfte dienten, wie eine Ware oder wie Nutztiere verkauft. Der Bedarf an Sklaven ging in die Millionen.
Der Sklavenhandel ist der Grund dafür, dass in einer Reihe süd- und mittelamerikanischer Staaten heute ein hoher afroamerikanischer Bevölkerungsanteil lebt. Das gilt auch für die Vereinigten Staaten von Amerika. Dort wurde die Sklaverei im Jahr 1865 unter Präsenten Abraham Lincoln aufgehoben. Die juristische Gleichstellung der Farbigen beendete aber keineswegs die Rassenkonflikte.

Der Sklavenmarkt (Gustave Boulanger, 1886)

KOHL VERLAG
Stationenlernen IMPERIALISMUS
Die Aufteilung der Welt – Bestell-Nr. 12 097

Frankreich

!

Die überseeische Ausdehnung Frankreichs richtete sich seit dem 16. Jahrhundert zunächst vor allem auf Nordamerika. Weite Teile des Landes waren noch unentdeckt und unerschlossen und boten die Möglichkeit, sich hier auszudehnen. Frankreich erwarb große Gebiete im Osten Kanadas und im Inneren der heutigen USA. Hinzu kamen Inseln in der Karibik und Teile von Indien.

Mit der Dichte der Besiedlung in Amerika verschärften sich die Konflikte vor allem mit den Briten. Nach dem Siebenjährigen Krieg (1756-1763), der nicht nur ein europäischer, sondern auch ein Kolonialkrieg war, musste Frankreich den größten Teil seiner Erwerbungen in Nordamerika und in Indien an Großbritannien abgeben. Bis zum heutigen Tag gibt es aber viele Indizien, die an die französische Kolonialzeit erinnern, z. B. das französische Siedlungsgebiet (Quebec, Montreal), in dem Französisch gesprochen wird, und viele geografische Namen in den USA (Louisiana, St. Louis, New Orleans).

Seit Beginn des 19. Jahrhunderts konzentrierten sich die kolonialen Bestrebungen Frankreichs vor allem auf Nordafrika. Die Eroberung Ägyptens durch Napoleon war nur ein kurzes Zwischenspiel gewesen (1798-1801). Besonders attraktiv erschien das Küstengebiet jenseits des Mittelmeeres. Im Jahr 1830 begann die lange andauernde und blutige Eroberung Algeriens. Viel später, schon in der Zeit des Imperialismus, kamen Tunesien und Marokko hinzu. Darüber hinaus erwarb Frankreich seit der Jahrhundertmitte riesengroße Gebiete in Zentral- und Westafrika.

Seit 1887, also auch bereits in der Zeit des Imperialismus, erwarb Frankeich große Kolonialgebiete im südostasiatischen Indochina.

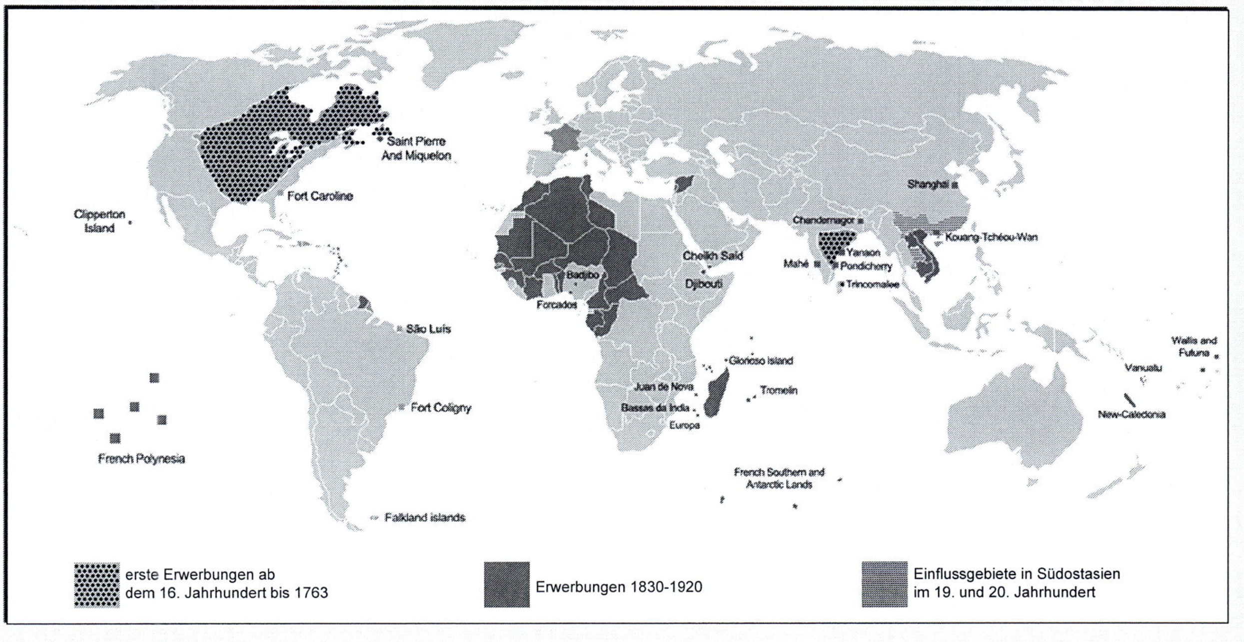

Aufgabe 1: *Suche im Atlas weitere geografische Namen in Kanada und in den USA, die auf die ursprünglich französische Besiedlung schließen lassen.*

Aufgabe 2: *Fasse mit Hilfe des Textes und der Karte zusammen, welche Gebiete zum französischen Kolonialreich gehörten.*

Stationenlernen IMPERIALISMUS
Die Aufteilung der Welt – Bestell-Nr. 12 097
KOHL VERLAG

Frankreich

Lösungen

Aufgabe 1: Mögliche Lösung:
Rivière du Loup, Sept Îles (Kanada), Terre Haute, Macon (USA)

Aufgabe 2:
- Nordamerika (Kanada, USA)
- Karibik
- Indien
- Ägypten
- Nordafrika (Algerien, Tunesien, Marokko)
- West- und Zentralafrika
- Indochina

Kautschukhandel in Zentralafrika

„Meine genaue Kenntnis so vieler zentral-afrikanischer Stämme […] hat mir überall die überzeugende Notwendigkeit vorgeführt, dass sich der Neger keinem Vertrag, sondern nur der rohen Gewalt beugt."

(General Lothar von Trotha, um 1900)

Dieses Zitat spiegelt den imperialistischen Zeitgeist der Epoche wider.

Stationenlernen IMPERIALISMUS
Die Aufteilung der Welt – Bestell-Nr. 12 097
KOHL VERLAG

Die Niederlande

Ursprünglich gehörten die Niederlande zum Königreich Spanien. Nach dem Dreißigjährigen Krieg erlangten die sogenannten Vereinigten Niederlande, die nördlichen Provinzen, ihre politische Selbstständigkeit. Der südliche Teil verblieb aber zunächst bei Spanien, kam dann an Österreich, Frankreich und die Niederlande. Daraus entstand im 19. Jahrhundert (1830) das Königreich Belgien.

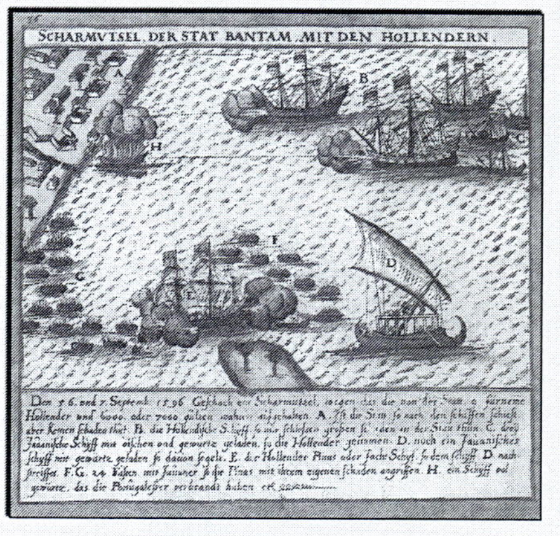

Ankunft der Niederländer auf Java im Jahr 1596, Beendigung des portugiesischen Gewürzmonopols

Der Aufstieg der Niederlande zur europäischen See- und Handelsmacht vollzog sich vor allem im 17. Jahrhundert. Sie gründeten Handelskompanien, die sich um Handels- und Pachtverträge mit den regionalen Machthabern in Übersee bemühten. Im Osten agierte die mächtige Niederländische Ostindien-Kompanie, im Westen (Amerika) die Niederländische Westindien-Kompanie. Schritt für Schritt vergrößerten die Niederlande ihren Einfluss und ihren Landbesitz und gewannen einen großen Anteil am Überseehandel, u. a. am Gewürzhandel mit Asien. Dies bescherte dem Land und ihren Handelsstädten einen enormen Reichtum. Nicht ohne Grund wird der Aufstieg Hollands zur Welthandelsmacht als „Goldenes Zeitalter" bezeichnet.

Die Liste der kolonialen Besitzungen und der Handelsstützpunkte in Amerika, Afrika und Asien ist sehr lang. Allerdings konnten sich die Niederlande deren Besitz in aller Regel nicht dauerhaft sichern. Hier seien nur wenige Beispiele genannt:

Im Jahr 1626 entstand in Nordamerika der Ort Neu-Amsterdam als Handelsstützpunkt. Er wurde 1664 von den Briten erobert und in New York umbenannt.

Im Jahr 1652 wurde am Kap der guten Hoffnung in Südafrika mit der Gründung von Kapstadt ein Schifffahrtstützpunkt eingerichtet. An dieser strategisch günstigen Stelle konnten die Handelsschiffe mit Lebensmitteln und Trinkwasser versorgt werden. Aus der Niederlassung der Niederländischen Ostindien-Kompanie entstand die Kapkolonie, die sich in der Folgezeit mehr und mehr vergrößerte. Nach wechselhaften Besitzverhältnissen wurde die Kapkolonie im Jahr 1910 eine Provinz der Südafrikanischen Union.

In der Inselwelt Südostasien (Inselindien) erwarben die Niederlande bzw. die Ostindische Kompanie seit etwa 1600 ein riesiges Kolonialreich. Sie nannten es Niederländisch-Indien. Heute heißt das Gebiet Indonesien. Es wurde in den Jahren 1945 bis 1949 unabhängig. Die noch bestehenden politischen Bindungen an das Mutterland wurden endgültig im Jahr 1956 aufgelöst.

Aufgabe 1: *Wahr oder falsch? Kreuze an und korrigiere anschließend.*

	Richtig	Falsch
a) Die Niederlande waren schon immer ein unabhängiges Land.		
b) Die ersten Kolonien erwarben die Niederlande in Australien.		
c) New York war früher ein niederländischer Handelsstützpunkt.		
d) Kapstadt ist eine niederländische Gründung.		
e) Die Niederländer herrschten über ein Gebiet, das sie „Indonesien" nannten.		

Aufgabe 2: *Auch in den Niederlanden bestanden enge Verbindungen zwischen der Politik und dem Fernhandel. Begründe!*

Aufgabe 3: *Nenne mögliche Konkurrenten für den niederländischen Seehandel.*

Stationenlernen IMPERIALISMUS
Die Aufteilung der Welt – Bestell-Nr. 12 097
KOHL VERLAG

Die Niederlande

Lösungen

Aufgabe 1:

a) Falsch: Die Niederlande gehörten ursprünglich zu Spanien.
b) Falsch: Die Niederlande hatten nie Kolonien in Australien.
c) Wahr
d) Wahr
e) Die Niederländer herrschten über ein Gebiet, das sie „Niederländisch-Indien" nannten.

Aufgabe 2:

Der reibungslose Handel war angesichts der starken Konkurrenz durch andere Handelsorganisationen und Mächte auf die politische Unterstützung durch das Mutterland angewiesen. Immer wieder einmal kam es zu blutigen Seekriegen.

Die Staaten unterstützten die Handelsorganisationen auch in ihrem ureigensten Interesse. Sie vergrößerten ihre Macht und ihren politischen Einfluss im Weltmaßstab. Der Handel mit kostbaren Waren bescherte vielen ihrer Bürger, aber auch dem Land als Ganzem großen Reichtum. Wohlhabenheit und Reichtum sind auch heute noch an der Architektur vieler Handelsstädte, z. B. Amsterdam, abzulesen.

Aufgabe 3:

Die Konkurrenten waren die übrigen weltweit agierenden Seemächte, also zunächst die Portugiesen, Spanier, Briten und Franzosen. Immer wieder kam es auch zu gewaltsamen Auseinandersetzungen, bei denen überseeische Stützpunkte und Kolonien den Besitzer wechselten.

Bewaffnetes Handelsschiff „Halve Maen" (Halbmond) der Ostindischen Kompanie von 1608 – Nachbau

„Die Niederlande waren im 17. Jahrhundert ein Land der Superlative: jährlich wurden 70.000 Bilder gemalt, 110.000 Stück Tuch produziert und 200 Millionen Gulden an Volkseinkommen erwirtschaftet."

(Michael North)

Stationenlernen IMPERIALISMUS
Die Aufteilung der Welt – Bestell-Nr. 12 097
KOHL VERLAG

Allgemeines – Herrschaft über fremde Gebiete

!

Pflügen eines Baumwollfeldes in Togo, 1885

Bislang war vom Kolonialismus die Rede. Eine Reihe europäischer Mächte hatte sich Stützpunkte und zum Teil große Landgebiete in Übersee gesichert und vom Handel mit fremdländischen Waren profitiert. Die erworbenen Gebiete waren nur dann dauerhaft zu halten, wenn sie durch die politische Herrschaft gesichert und gegen die Ansprüche konkurrierender Mächte verteidigt wurden. Dennoch gab es durch zahlreiche Kolonialkriege immer wieder Veränderungen. Oft mussten die alten Kolonialmächte neuen Mächten weichen. Seit dem 18. Jahrhundert war Großbritannien die führende Kolonialmacht der Erde.

Die Herrschaftsbildung verlief unterschiedlich. Am Anfang ging es vor allem darum, an den überseeischen Küsten Handelsstützpunkte zu errichten. Hier wurden die aus dem Binnenland stammenden Waren angeliefert und gelagert, um dann von den Schiffen der Handelsnationen nach Europa verfrachtet zu werden.

Der Handel wurde oft von staatlich konzessionierten und mit bestimmten Hoheitsrechten (z. B. eigenen Soldaten) ausgestatteten Handelsorganisationen, so z.B. die Britische Ostindien-Kompanie (gegründet 1600), betrieben. Mehr und mehr begannen die Kolonialmächte damit, sich größere Landgebiete (Kolonien) zu sichern. Dazu waren eine funktionierende Herrschafts- und Verwaltungsstruktur und die Ansiedlung von europäischen Kolonisten erforderlich.

Die direkte Beherrschung fremder Gebiete war eine Möglichkeit. Stellenweise übten die europäischen Kolonialmächte aber nur eine indirekte Herrschaft aus: Die von ihnen abhängigen Länder behielten ihre (eingeschränkte) Selbstverwaltung und waren angeblich souverän. In Wirklichkeit waren sie politisch und wirtschaftlich von den Europäern (oder Nordamerikanern) abhängig. Das galt zum Beispiel für Indien oder für China.

Nicht immer ging es um kolonialen Landbesitz. Die hochentwickelten und reichen Länder Europas und Nordamerikas machten weniger entwickelte und ärmere Länder in anderen Teilen der Welt wirtschaftlich von sich abhängig. Sie nutzten die vorhandenen Ressourcen (Rohstoffe, Arbeitskräfte) und die Länder insgesamt als Absatzmärkte für die expandierende heimische Industrie.

Dieser Aspekt spielt auch heute noch im Zeitalter der „Globalisierung" eine Rolle. Die Zeit der unmittelbaren kolonialen Beherrschung ist seit dem Ersten Weltkrieg und vor allem seit dem Zweiten Weltkrieg nahezu vollständig abgeschlossen. Das wirtschaftliche Ungleichgewicht und die wirtschaftliche Abhängigkeit zeigen aber nach Auffassung sachverständiger Zeitgenossen oft auch heute noch imperialistische Züge.

Aufgabe 1: *Es gibt verschiedene Motive für Fremdherrschaft. Welche Erklärungen gehören jeweils zu den Begriffen* **A *„Herrschaftskolonie"*,** **B *„Stützpunktkolonie"*** *und* **C *„Siedlungskolonie"*** *?*

○	○	○
Ergebnis von Aktionen der Flotte mit dem Ziel, das Gebiet als Ausgangspunkt für Handel und Militäraktionen zu nutzen	Kolonisation zum Zweck der wirtschaftlichen Ausbeutung (Arbeitskräfte, Bodenschätze,...); Regierung durch das Mutterland in Form von entsandten Gouverneuren	Im Vordergrund steht die Nutzung von billigem Land und billigen Arbeitskräften durch Farmer und Pflanzer

Aufgabe 2: *Auf welche unterschiedlichen Weisen setzten die Kolonialmächte ihre politischen und wirtschaftlichen Interessen durch?*

Stationenlernen IMPERIALISMUS
Die Aufteilung der Welt – Bestell-Nr. 12 097
KOHL VERLAG

Allgemeines – Herrschaft über fremde Gebiete

Lösungen

Aufgabe 1:

B	A	C
Ergebnis von Aktionen der Flotte mit dem Ziel, das Gebiet als Ausgangspunkt für Handel und Militäraktionen zu nutzen	Kolonisation zum Zweck der wirtschaftlichen Ausbeutung (Arbeitskräfte, Bodenschätze,...); Regierung durch das Mutterland in Form von entsandten Gouverneuren	Im Vordergrund steht die Nutzung von billigem Land und billigen Arbeitskräften durch Farmer und Pflanzer

Aufgabe 2: Es gab verschiedene Möglichkeiten, die eigenen wirtschaftlichen Interessen zu befriedigen. In der frühen Kolonialzeit waren Raubzüge an der Tagesordnung. Den Spaniern ging es in Süd- und Mittelamerika vor allem um die reichen Goldschätze der hochentwickelten Indiokulturen (Inka, Azteken). Die Ureinwohner wurden entrechtet und nicht selten getötet. Wer überlebte, wurde gezwungen, sich taufen zu lassen.
Alle Kolonialmächte errichteten vor allem an den Küsten Handelsstützpunkte, die von ihnen selbst verwaltet wurden. Die Eingeborenen lieferten die Produkte ihrer Länder (Kolonialwaren). Von den Niederlassungen am Meer aus entwickelten sich im Hinterland oft von den Europäern beherrschte großflächige Kolonien.
Um in den subtropischen und tropischen Gebieten Plantagenwirtschaft (u. a. Zuckerrohr und Baumwolle) betreiben zu können, wurden Sklaven in Afrika durch Sklavenjäger eingefangen, nach Amerika verschifft und dort auf Sklavenmärkten an Plantagenbesitzer verkauft.
In manchen Kolonien übten die Kolonialländer die direkte Herrschaft aus. Lokale und regionale Herrscher verloren jeglichen Einfluss. Bisweilen erschien es erfolgversprechender, die indirekte Herrschaft auszuüben, das heißt, regionale Würdenträger an der Herrschaft und an der Verwaltung zu beteiligen. So konnten mögliche Konflikte abgeschwächt oder gar vermieden werden.

KOHL VERLAG Stationenlernen IMPERIALISMUS Die Aufteilung der Welt – Bestell-Nr. 12 097

Neue Qualität des Kolonialismus im 19. Jahrhundert

Kolonialwarenladen von 1893 in Gotha

Ende des 19. Jahrhunderts wurde nun mehr als zuvor aktive Kolonialpolitik betrieben. Sie zielte darauf, ein immer größeres Reich außerhalb der eigenen Grenzen zu errichten. In der Regel erfolgten die Herrschaftsausweitung und die Kolonisation in Übersee. Allerdings gab es auch das – vielleicht manchmal zunächst übersehene – Phänomen der Binnenkolonisation.

Zwischen 1870 (verstärkt ab 1890) und dem Ersten Weltkrieg fand ein regelrechter Wettlauf um die noch herrenlosen Gebiete der Erde statt. Der Expansionsdrang, der teilweise hysterische Züge annahm, richtete sich auch auf Gebiete, die auf den ersten Blick wirtschaftlich unergiebig erschienen (z. B. Sahara, Urwälder Südostasiens und Südamerikas). In Afrika befanden sich im Jahr 1876 erst 10,8 Prozent des Kontinents in europäischem Besitz. Im Jahr 1900 hatte sich diese Zahl bereits auf 90,4 Prozent erhöht. Die Grenzen waren abgesteckt. Nun ging es darum, die noch weißen Flächen auf den Landkarten durch Entdeckungsreisen zu erforschen und in Besitz zu nehmen. Die Erschließung Afrikas, Amerikas, Asiens und Australiens im späten 19. und im frühen 20. Jahrhundert war eine Aneinanderreihung von atemberaubenden Abenteuern.

Industrielle Fortschritte u. a. im Schiffsbau und später durch die Eisenbahn hatten das Vordringen der europäischen Mächte erleichtert. Hinzu kam, dass der Industrialisierungsprozess mit seiner rationalisierten, massenhaften Warenproduktion auf riesige Mengen von Rohstoffen angewiesen war. Viele wurden nun aus den überseeischen Kolonien nach Europa geliefert.

Gleichzeitig dienten die Überseegebiete als neue Absatzmärkte. Für die Infrastruktur (Militär, Bauwesen, Straßenbau, Eisenbahnen, Telegrafenkabel) wurden viele industrielle Produkte benötigt. Die Kaufkraft der einheimischen Bevölkerung blieb für Erste allerdings gering. Dagegen führten die Kolonialbeamten oft ein vergleichsweise luxuriöses Leben.

Eine kolonialistische Grundeinstellung hatte es schon immer gegeben. Die Kolonialmächte waren von ihrer Überlegenheit gegenüber fremden Völkern überzeugt. Sie bezog sich auf Kultur, Religion (Christentum), Wirtschaftsleben und Militär. Nun entwickelte sich eine geradezu pseudowissenschaftliche Rechtfertigungsideologie. Im Zweifelsfall waren die Europäer, was immer sie in den unterentwickelten Ländern unternahmen, im Recht!

Für die europäischen Mächte war die Größe des Kolonialreichs ein Kennzeichen ihrer politischen Macht. Bei der Abgrenzung der jeweiligen Interessensphären ging es darum, den eigenen Standpunkt zur Geltung zu bringen und sich gegen Konkurrenten durchzusetzen. Dabei waren diplomatische und militärische Konflikte oft nicht zu vermeiden. Für viele Historiker ist der Erste Weltkrieg eine Folge des imperialistischen Machstrebens und der imperialistischen Konkurrenz zwischen den Mächten – und damit ein imperialistischer Krieg gigantischen Ausmaßes.

Aufgabe 1: *Lies den Text aufmerksam durch und unterstreiche die wichtigsten Aussagen.*

Aufgabe 2: *Finde nun für jeden Abschnitt des Textes eine passende Überschrift.*

Aufgabe 3: *Was ist damit gemeint, wenn vom „Wettlauf um Afrika" die Rede ist? Erkläre.*

Stationenlernen IMPERIALISMUS
Die Aufteilung der Welt – Bestell-Nr. 12 097
KOHL VERLAG

Neue Qualität des Kolonialismus im 19. Jahrhundert

Aufgabe 1: Mögliche Lösung:

- neue Qualität
- beschleunigte technische Fortschritte
- Anwachsen der Bevölkerungszahlen
- aktive Kolonialpolitik
- Übersee
- Binnenkolonisation.
- zwischen 1870, verstärkt ab 1890 und dem Ersten Weltkrieg
- Wettlauf
- Afrika
- 1876 10,8 Prozent
- 1900 90,4 Prozent
- Entdeckungsreisen
- atemberaubenden Abenteuern
- industrielle Fortschritte
- Industrialisierungsprozess
- Rohstoffen
- neue Absatzmärkte
- kolonialistische Grundeinstellung
- Überlegenheit gegenüber fremden Völkern
- Kennzeichen ihrer politischen Macht
- diplomatische und militärische Konflikte
- Erste Weltkrieg
- imperialistischer Krieg

Symbolische Darstellung des englischen Imperialismus in Afrika.
Karikatur von Edward Linley Sambourne (1892).
Cecil Rhodes zwischen Kap und Kairo

Aufgabe 2: Mögliche Lösung:

- Verstärkter Kolonialismus Ende des 19. Jahrhunderts
- Wettlauf um Afrika
- Europa im industriellen Zeitalter
- Rechtfertigung für die Beherrschung fremder Gebiete
- Der Erste Weltkrieg als Folge des Imperialismus

Aufgabe 3: Als Wettlauf um Afrika wird die Kolonialisierung des afrikanischen Kontinentes in der Hochphase des Imperialismus zwischen 1880 und dem Ersten Weltkrieg bezeichnet.

Stationenlernen IMPERIALISMUS
Die Aufteilung der Welt – Bestell-Nr. 12 097
KOHL VERLAG

Das Sendungsbewusstsein ✶

Charles Darwin

Schon immer hatten sich die Europäer den fremden Völkern in Übersee überlegen gefühlt. Die Eingeborenen galten als wild und unzivilisiert. Daraus leitete man das Recht ab, sie unterwerfen und ausbeuten zu können. In manchen Teilen der Welt wurden hoch entwickelte Kulturen aus Unkenntnis und Rücksichtslosigkeit zerstört.

In der Zeit des Imperialismus im letzten Drittel des 19. Jahrhunderts und zu Beginn des 20. Jahrhunderts vollzog sich ein dramatischer Wettlauf zwischen den europäischen Kolonialmächten um die letzten vermeintlich noch herrenlosen Gebiete der Erde. Sicher gab es dafür handfeste politische und wirtschaftliche Gründe. Die einzelnen Staaten gaben ihrem Handeln aber zusätzlich eine moralische Rechtfertigung, gewissermaßen einen „ideologischen Überbau". Sie, die europäischen Länder und Völker, hätten das ihnen von Gott und von der Geschichte anvertraute Recht, den „primitiven" und „unterentwickeln" Völkern die Segnungen der Kultur und der Zivilisation zuteilwerden zu lassen.

Das 19. Jahrhundert war das Jahrhundert der **Nationalstaaten**. Die europäischen Länder grenzten sich scharf gegen die anderen Nationen ab. Man wollte selbstbewusst und stark sein, um in kriegerischen Konflikten bestehen zu können. Gleichzeitig vergrößerten sie ihr Ansehen, ihre politische und ökonomische Macht, indem sie sich um territorialen Besitz außerhalb der eigenen Grenzen bemühten. In Großbritannien entstand die Forderung nach einem „Greater Britain"; in Frankreich wurde immer wieder von „la Plus Grande France" gesprochen. Der einflussreiche deutsche Publizist Paul Rohrbach veröffentlichte ein Buch unter dem Titel „Das größere Deutschland". Dass dieses Werk erst im Jahr 1915, also während des Ersten Weltkriegs, erschien, macht sehr nachdenklich.

In der Mitte des 19. Jahrhunderts, fand sich für dieses Machtstreben eine neue, wissenschaftlich anmutende Begründung. Im Jahr 1859 hatte der englische Gelehrte Charles Darwin sein Buch „Über die Entstehung der Arten" veröffentlicht. Es bezog sich auf das Tierreich und stellte dar, wie die unterschiedlichsten Arten in einem langen und langsamen Entwicklungsprozess (Evolution, lat. evolvere = herausentwickeln) entstanden waren und sich immer wieder auf veränderte Lebensverhältnisse eingestellt hatten. Im immerwährenden Lebenskampf (struggele for life) würden sich auf Dauer nur die Arten durchsetzen können, denen es gelang, sich am besten den jeweiligen Herausforderungen anpassen zu können (u. a. Klima, natürliche Feinde, Nahrungsangebot).

Diese wissenschaftliche Einsicht, die unser Weltbild entscheidend veränderte, wurde vereinfachend und popularisierend auf die menschliche Gesellschaft übertragen. Sie wird als **Sozialdarwinismus** bezeichnet. Nur diejenigen Völker und Staaten würden auf Dauer überleben, die sich im Kampf ums Dasein als anpassungsfähiger, intelligenter und stärker erwiesen. Sie mussten bereit sein, für ihr Überleben zu kämpfen.

<u>**Aufgabe 1**</u>: *Beantworte die folgenden Fragen.*

a) Welcher Zusammenhang besteht zwischen den Begriffen „Nationalismus" und „Imperialismus"?

b) In welcher Weise beeinflusste der Sozialdarwinismus das Verhältnis der Völker untereinander?

KOHL VERLAG Stationenlernen IMPERIALISMUS Die Aufteilung der Welt – Bestell-Nr. 12 097

Das Sendungsbewusstsein

Lösungen

Aufgabe 1:

a) Der Nationalismus betont die Sonderstellung und die Höherwertigkeit der eigenen Nation gegenüber den anderen Nationen. Im Konkurrenzkampf der Völker und Staaten untereinander werden die eigenen Vorteile herausgehoben (Mentalität, Kultur, Religion, Wirtschaft, militärische Stärke) und nicht selten übertrieben.

Der Nationalismus führt oft zu einer aggressiven und expansiven Außenpolitik. Durch Gebietsgewinne werden das eigene Ansehen und die eigene Macht vergrößert. In der Zeit des Imperialismus erfolgte die territoriale Ausdehnung vor allem in Übersee. Allerdings sollte der sogenannte Kontinentalimperialismus nicht übersehen werden. Aus den europäischen Mächten wurden „Weltmächte". Umgekehrt trugen die kolonialen Erwerbungen dazu bei, die nationalistische Selbstüberschätzung im Mutterland zu verstärken.

b) Der Sozialdarwinismus betont den Grundsatz der Durchsetzung. Völker und Staaten können sich nur dann behaupten, wenn sie im der Auseinandersetzung mit anderen bestehen. Sie müssen nach Möglichkeit die Besseren und Stärkeren sein.

Diese Grundhaltung hat etwa Zwanghaftes, das zu Selbstüberschätzung und zu aggressivem Verhalten führen kann. Der Konkurrenzkampf vollzieht sich auf allen möglichen Gebieten, in der Kultur, vor allem aber auch in Handel und in der Wirtschaft insgesamt. Territorialer Besitz und eine schlagkräftige Armee bedeuten Macht. Die Selbstüberschätzung kann dazu führen, dass man seine eigene Überlegenheit durch einen Krieg unter Beweis stellen möchte.

Des weißen Mannes Bürde

!

Das imperialistische Selbstverständnis fand sehr treffend seinen Ausdruck in einem Gedicht des Engländers Rudyard Kipling (1865-1936). Der vor allem durch sein „Dschungelbuch" und den Roman „Kim" bekannt gewordene, sehr erfolgreiche Erzähler lebte viele Jahre in Indien.

Rudyard Kipling

Nimm auf des weißen Mannes Bürde –
Die Söhne sende fort,
Um wildem Volk zu dienen
An einem fremden Ort;
Den finsteren Gestalten,
Die stur und mürrisch sind –
Den neuen Untertanen,
Halb Teufel noch, halb Kind.
[…]

Nimm auf des weißen Mannes Bürde –
Den harten Friedenskrieg.
Bekämpf die Hungersnöte,
Die Krankheiten besieg;
Um ihretwillen strebend,
Das Ziel schon fast in Sicht,
Schau wie der Heiden Torheit
Dein Hoffen macht zunicht.
[…]

Nimm auf des weißen Mannes Bürde –
Empfang den alten Lohn
Von denen, die du hegtest:
Beschimpfungen und Hohn –
Den Schrei der trägen Menge,
Die du zum Licht geführt:
„Was nahmt ihr uns die Fesseln?
Ägypten uns gebührt!"
[…]

__Aufgabe 1__: *Wie sieht Kipling die Europäer und wie die Ureinwohner der Kolonien?*

__Aufgabe 2__: *Was könnte in den Gedankenblasen stehen? Versetze dich in die jeweilige Person.*

Stationenlernen IMPERIALISMUS
Die Aufteilung der Welt – Bestell-Nr. 12 097

Des weißen Mannes Bürde

Lösungen

Aufgabe 1: Die drei abgedruckten Strophen sind nur ein Auszug aus dem Gesamtgedicht. Dennoch ist die Grundtendenz deutlich.

Die Europäer werden immer wieder ermahnt, die Bürde auf sich zu nehmen. Sie sollen, nein, sie müssen ihre Söhne, ihre besten Leute in die Kolonien schicken, um zu dienen, das heißt, eine geschichtliche Verpflichtung zu erfüllen. Sie sollen ggf. durch Krieg Frieden stiften, Hungersnöte und Krankheiten besiegen.

Die Ureinwohner der Kolonialländer werden als wild charakterisiert. Von finsteren Gestalten, die stur und mürrisch sind, ist die Rede. Sie benehmen sich halb wie Teufel, halb wie Kinder, d. h. sie sind oft böse und unmündig.

Vieles Gute, das die Europäer auf den Weg gebracht haben, wird durch die Eingeborenen wieder zunichtegemacht. Der Lohn für ihre Bemühungen sind Beschimpfungen und Spott. Die Menge ist träge und will eigentlich gar nicht von ihren Fesseln befreit werden.

Zusammenfassend lässt sich sagen: Die Europäer sollen den Eingeborenen die europäische, die „höhere" Zivilisation und damit den Fortschritt bringen. Ihrer Aufgabe ist es auch, in die inneren Verhältnisse der Kolonien einzugreifen und für Ordnung und Frieden zu sorgen.

Ohne Druck und Gewalt wird das wohl kaum möglich sein, weil die Eingeborenen unreif und wild, widerspenstig und böse sind. Im Übrigen wehren sie sich gegen die durch die Kolonialherren beabsichtigen Veränderungen und möchten ihren alten Zustand bewahren.

Aufgabe 2: Individuelle Lösungen

Missionare und kongolesische Ureinwohner (etwa 1900-1915)

Stationenlernen IMPERIALISMUS
Die Aufteilung der Welt – Bestell-Nr. 12 097
KOHL VERLAG

Lenins Imperialismustheorie ✶

Die Industrialisierung veränderte die Lebensverhältnisse vieler Menschen radikal. An die Stelle der handwerklichen Erzeugung trat immer stärker die maschinelle Massenproduktion. Der Bau von Fabriken und Transportmitteln (Eisenbahnen, Schiffen, Straßen) benötigte sehr viel Kapital. Durch die industrielle Wertschöpfung entstand gleichzeitig enorm viel neues Kapital, das „arbeiten" musste, also in irgendeiner Weise gewinnbringend zu investieren war.

Von Karl Marx stammt eine feinsinnige Analyse des Kapitalismus. In Kurzform ist sie in seiner Programmschrift „Manifest der Kommunistischen Partei" von 1848 enthalten.

Marx hatte geschrieben: „Das Bedürfnis nach einem stets ausgedehnteren Absatz für ihre Produkte jagt die Bourgeoisie [Besitzbürgertum] über die ganze Erdkugel. Überall muss sie sich einnisten, überall anbauen, überall Verbindungen herstellen. [...] Die Bourgeoisie reißt durch die rasche Verbesserung aller Produktionsinstrumente, durch die unendlich erleichterte Kommunikation alle, auch die barbarischsten Nationen in die Zivilisation."

Als besonders wirkungsvoll erwies sich die Interpretation des russischen Revolutionärs Wladimir Iljitsch Uljanov, genannt Lenin. Ihm und seinen Anhängern war es seit 1917 gelungen, in Russland die Macht zu erobern und eine kommunistisch-bolschewistische Staats- und Gesellschaftsordnung durchzusetzen. Das große, im Sinne von Karl Marx noch zu verwirklichende politische Endziel war die Weltrevolution, die auch die unterentwickelten Völker einbeziehen und die dazu beitragen würde, sie aus der Unterdrückung und Ausbeutung durch den kapitalistischen Imperialismus zu befreien.

Lenin legte in seiner Schrift aus dem Jahr 1916 seine Weltanschauung dar: In der Zeit des Imperialismus mit der rasch voranschreitenden Produktion entstehen durch Konzentration immer größere, immer einflussreichere Monopole, die das Wirtschaftsleben bestimmen und unter sich aufteilen. Gleichzeitig fließen das Bankkapital und das durch die Industrie erwirtschaftete Kapital zusammen und verschmelzen zum sogenannten Finanzkapital. Die Großbanken gewinnen weltweit bestimmenden Einfluss auf das Wirtschaftsleben. Letzten Endes führt all das zur Aufteilung der Welt unter den führenden Wirtschaftsmächten. Der vermeintliche Fortschritt und Höhepunkt ist gleichzeitig ein Endpunkt der Entwicklung. Nun stellen sich „Stagnation und Fäulnis" ein. Sie beschleunigen den geschichtlichen Prozess. Er steuert auf eine alles verändernde soziale Revolution, die kommunistische Weltrevolution, zu.

Aufgabe 1: *Erkläre den Begriff „Kapitalismus" in eigenen Worten.*

Aufgabe 2: *Wodurch werden – nach Marx – die unterentwickelten Länder in den Sog des Kapitalismus hineingezogen?*

Aufgabe 3: *Nach Lenin ist die höchste Stufe des Kapitalismus auch die letzte. Versuche seine Begründung nachzuvollziehen.*

Wladimir Iljitsch Lenin

Stationenlernen IMPERIALISMUS
Die Aufteilung der Welt – Bestell-Nr. 12 097
KOHL VERLAG

Lenins Imperialismustheorie

Lösungen

Aufgabe 1: Der Kapitalismus ist eine bestimmte Wirtschafts- und Gesellschaftsordnung. Unter dem „Kapital" versteht man zunächst alle Produktionsmittel, die bei einem Herstellungsprozess verwendet werden - zum Beispiel Geld, Werkzeuge, Maschinen, Fabriken oder Fahrzeuge. Unternehmer, also Besitzer von Kapital, setzen ihr Kapital ein, um Produkte herzustellen oder Dienstleistungen anzubieten und mit deren Verkauf möglichst hohe Gewinne zu erzielen. Im Gegensatz dazu wird von Arbeitskräften deren Arbeitskraft eingesetzt. Diese werden für ihre Arbeit entlohnt.

Aufgabe 2: Die Industrialisierung schafft die Voraussetzung für die Massenproduktion von Waren. Die Fabrikanten sind ständig auf der Suche nach neuen Märkten, auf denen sie ihre Produkte absetzen können. So kommen auch die weniger entwickelten, vor allem die überseeischen Länder in den Blick. Mit ihnen entfaltet sich eine rege Handelsbeziehung. Die weniger entwickelten Regionen der Erde liefern Rohstoffe (Rohbaumwolle, Erdöl), die entwickelteren Länder Fertigwaren (Baumwollkleidung, Werkzeuge).

Die Gewinne aus Unternehmertätigkeit erlauben den Fabrikanten, der „Bourgeoisie", einerseits ein luxuriöses Leben, anderseits müssen sie aber auch das erwirtschaftete Kapital sinnvoll, d. h. gewinnbringend investieren. Neue Anlagemöglichkeiten ergeben sich in den Kolonialgebieten, wo sehr viel Geld für den Ausbau der Binnenstruktur erforderlich ist (Häfen, Eisenbahnen, Straßen).

Aufgabe 3: Für Marx ist der Kapitalismus zwar eine überaus effiziente, wirkungsvolle, aber zugleich sehr inhumane Wirtschaftsweise und Gesellschaftsform. Der arbeitende Mensch wird auf seine Arbeitskraft reduziert und dadurch zur „Ware".

Lenins Theorie fußt auf den Lehren von Karl Marx und Friedrich Engels. Auch für ihn wird die Zeit des Kapitalismus bald zu Ende gehen. Eine soziale Revolution wird den Kommunismus vorbereiten und seine Verwirklichung ermöglichen. Russland wird auf diesem Weg im Jahr 1917 den Anfang machen.

Deutsch-Asiatische Bank in Shanghai (1895)

Je weiter der Kapitalismus voranschreitet, desto mehr verstärken sich seine inneren Widersprüche. Die Entwicklung verschärft sich durch die zunehmende Monopolisierung der Warenproduktion und den wachsenden Einfluss des Kapitals. Das Finanzkapital wird von Großbanken verwaltet, denen der unmittelbare Bezug zur Produktion fehlt. Es tritt eine gefährliche Phase der Stagnation und der Fäulnis ein.

Das Konkurrenzverhalten zwischen den kapitalistischen Staaten führt zu ständigen Konflikten, oft sogar zum Krieg (z. B. Erster Weltkrieg). Der Widerstand gegen den Kapitalismus wächst dramatisch und führt schließlich zur Revolution.

Die Aufteilung Afrikas I

Das koloniale Machtstreben erreichte im letzten Viertel des 19. Jahrhunderts seinen dramatischen Höhepunkt. Es hatte nicht nur die Politiker und Wirtschaftsführer, sondern auch weite Teile der Bevölkerung erfasst.

Das Ziel der imperialen Machtausdehnung war zunächst vor allem Afrika. Sie hatte bereits im 15. Jahrhundert mit dem Erwerb von Handelsstützpunkten an der Küste durch Portugal begonnen. Nun ging es darum, das Hinterland systematisch in Besitz zu nehmen und nach Möglichkeit wirtschaftlich zu nutzen. Großbritannien strebte ein von Norden nach Süden, von Ägypten bis zum Kap reichendes zusammenhängendes Kolonialgebiet (Kap-Kairo-Linie) an. Frankreich hatte mit der Eroberung Algeriens seit 1830 mit kolonialen Erwerbungen in Nordafrika begonnen. Seit den neunziger Jahren kamen riesige Gebiete in West- und Zentralafrika hinzu. Es konnte nicht ausbleiben, dass die beiden führenden Kolonialmächte in ihrem Expansionsdrang aufeinandertrafen. Ein militärischer Konflikt würde voraussichtlich die Folge sein.

Tatsächlich trafen britische und französische Expeditionskorps im Jahr 1898 in Faschoda, einem kleinen sudanesischen Dorf am Weißen Nil, aufeinander. Zunächst war offen, wie sich der gefährliche Konflikt lösen ließ. Lord Kitchener forderte die Franzosen unter dem Kommando von Major Marchand auf, ihren Stützpunkt zu räumen. Der Franzose war aber nicht willens, der britischen Forderung ohne eine entsprechende Anweisung aus Paris Folge zu leisten. Die Faschoda-Krise verursachte in Europa große Aufregung.

Diesmal siegte die politische Vernunft. Weil die Franzosen befürchten mussten, dass es – wenn sie unnachgiebig blieben – möglicherweise zu einem Zweifrontenkrieg mit Großbritannien und Deutschland kommen würde, gab die Regierung in Paris nach. Inzwischen war eine neue Macht ins Spiel gekommen, das Deutscher Reich, das nun auch mit kolonialen Erwerbungen in Afrika begonnen hatte. Das Entgegenkommen Frankreichs war eine wichtige Voraussetzung für die nun folgende Annäherung zwischen den beiden größten Kolonalmächten. Das entspanntere Verhältnis zwischen Großbritannien und Frankreich gipfelte 1904 in der sogenannten Entente Cordiale.

Aufgabe 1: *Richtig oder falsch? Korrigiere die falschen Aussagen.*

	Richtig	Falsch
a) Die Europäer erwarben ihre ersten afrikanischen Besitzungen im 19. Jahrhundert.		
b) Frankreich und Großbritannien waren zunächst die führenden Kolonialmächte in Afrika.		
c) Das Deutsche Reich erwarb erst später seine ersten Kolonien.		
d) Algerien war eine britische Kolonie.		
e) Ende des 19. Jahrhunderts trafen französische und deutsche Interessen in Faschoda aufeinander.		
f) Das Deutsche Reich und Großbritannien gehörten ab 1904 gemeinsam der Entente Cordiale an.		

Aufgabe 2: *Wie war das ursprüngliche Verhältnis zwischen Großbritannien und Frankreich beim „Wettlauf um Afrika"?*

Aufgabe 3: *Der Ausgang der Faschoda-Krise hatte große Auswirkungen auf die politischen Verhältnisse in Europa. Was änderte sich?*

Stationenlernen IMPERIALISMUS
Die Aufteilung der Welt – Bestell-Nr. 12 097
KOHL VERLAG

Die Aufteilung Afrikas I

Lösungen

Aufgabe 1:

a) Falsch: Die Europäer erwarben ihre ersten afrikanischen Besitzungen im 15. Jahrhundert.

b) Richtig

c) Richtig

d) Falsch: Algerien war eine französische Kolonie.

e) Falsch: Ende des 19. Jahrhunderts trafen französische und britische Interessen in Faschoda aufeinander.

f) Falsch: Frankreich und Großbritannien gehörten ab 1904 gemeinsam der Entente Cordiale an.

Aufgabe 2:

Der Begriff „Wettlauf" beinhaltet, dass es sich um ein Konkurrenzverhältnis zwischen den beteiligten Mächten handelte. Im Vordergrund stand der politische Egoismus. Jeder wollte möglichst viel von dem noch zu verteilenden Territorium in Besitz nehmen.

Die Konkurrenz schürte Misstrauen und Missgunst. Es war nicht auszuschließen, dass es zwischen den Rivalen zu Konflikten und militärischen Auseinandersetzungen kam. Ein Beispiel dafür ist die Faschoda-Krise des Jahres 1898. Wenn Frankreich nicht auf die Forderungen Großbritanniens einging, dann war ein Krieg unvermeidbar.

Major Marchand auf seinem Zug durch Afrika (Poster)

Aufgabe 3:

Die Einigung zwischen Großbritannien und Frankreich in der Faschoda-Krise veränderte das Verhältnis zwischen den beiden größten Kolonialmächten nachhaltig. Beide profitierten davon, wenn sie ihre kolonialen Interessen durch Absprachen und die Festlegung von Interessensphären regelten.

Darüber hinaus bot sich die Möglichkeit, dem neuen Konkurrenten beim Wettlauf um Afrika, dem Deutschen Reich, gemeinsam entschlossen zu begegnen. Großbritannien und Frankreich rückten – auch infolge der oft unbesonnenen Außenpolitik Deutschlands und insbesondere Kaiser Wilhelms II. – immer enger zusammen und begründeten im Jahr 1904 die Entente cordiale (engl. herzliches Einvernehmen), die mit der Zeit den Charakter eines Bündnisses annahm.

Die Aufteilung Afrikas II

Die Karte zeigt die kolonialen Besitzverhältnisse im Jahr 1914. Die Abhängigkeitsverhältnisse sind unterschiedlich.

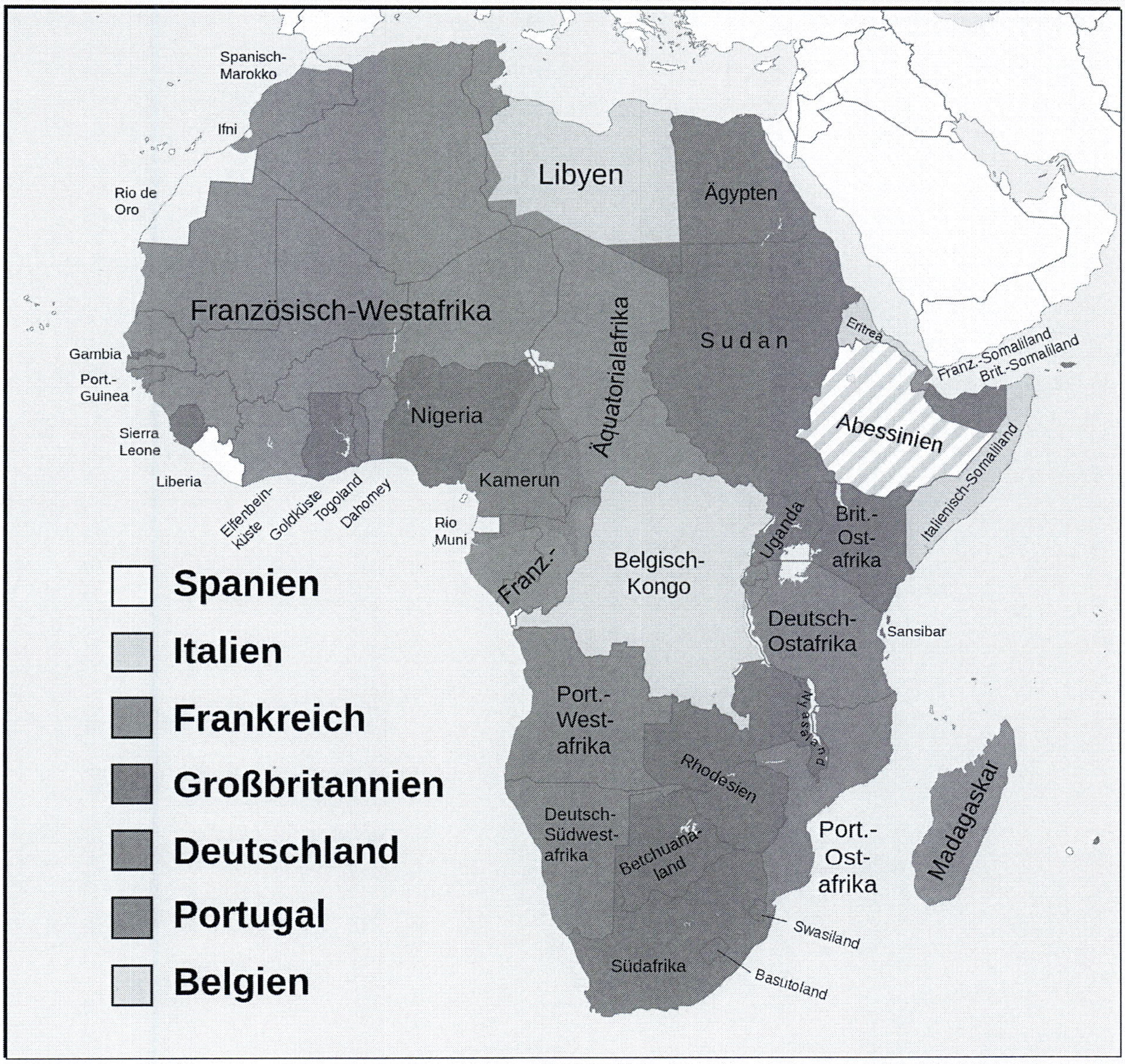

Aufgabe 1: *Finde mit Hilfe der Karte heraus, welche Kolonien zu welchem Land gehörten. Du kannst auch Geschichtsbücher oder das Internet verwenden. Übertrage die Tabelle in dein Heft/deinen Ordner und fülle sie aus.*

Spanien	Italien	Frankreich	Großbritannien	Deutschland	Portugal	Belgien

Aufgabe 2: *Sammle stichwortartig kurze Informationen über die Geschichte Südafrikas und des Kongo. Du kannst dazu Fachbücher, das Lexikon oder das Internet zu Hilfe nehmen.*

Stationenlernen IMPERIALISMUS
Die Aufteilung der Welt – Bestell-Nr. 12 097
KOHL VERLAG

Die Aufteilung Afrikas II

Lösungen

Aufgabe 1:

Spanien	Italien	Frankreich	Großbritannien	Deutschland	Portugal	Belgien
Rio de Oro (Westsahara)	Libyen, Somalia	Nordafrika, Westafrika, Äquatorialafrika, Madagaskar	Ägypten, Sudan, Britisch Ostafrika, Uganda, Rhodesien, Betschuanaland, Südafrika, Ostafrika, Nigeria	Deutsch-Südwestafrika, Deutsch-Ostafrika, Kamerun, Togo	Portugiesisch Westafrika, Portugiesisch Ostafrika	Kongo

Aufgabe 2: Mögliche Lösung:

Südafrika

1652 Begründung einer Schifffahrts-Versorgungsstation der Niederländischen Ostindien-Kompanie am Kap der Guten Hoffnung, territoriale Ausdehnung zu einer kolonialen Ansiedlung.

1797 Krise der Niederländischen Ostindien-Kompanie führt zur Besetzung der Kapkolonie durch Großbritannien, später zeitweise Rückgabe an die Niederlande.

1806 dauerhaft britische Kronkolonie
Nach der Abschaffung der Sklaverei im Jahr **1833** durch die Briten verlassen viele niederländisch-stämmige Buren (afrikaans Bauern) die Kolonie, lassen sich dauerhalb außerhalb der Grenzen nieder und gründen eigene Staaten (Transvaal, Oranje-Freistaat).

1880-1881 Erster Burenkrieg. Buren wehren sich gegen die – u. a. durch Diamant- und Goldfunde ausgelösten – britischen Expansionsbestrebungen.

1899-1902 Zweiter Burenkrieg. Trotz entschlossenen Widerstands unterliegen die Buren den Briten. Im Frieden von Vereeniging werden die Burenrepubliken in das Britische Empire eingegliedert.
Die Briten erleichterten den Buren den Verlust ihrer Souveränität, indem sie das Niederländische (Afrikaans) als (zweite) Amtssprache anerkennen und herabwürdigende Regelungen bezüglich der nicht-weißen Bevölkerung gestatteten.

1910 Gründung der Südafrikanischen Union aus der Kapkolonie und den früheren burischen Freistaaten

Kongo

1878 Übereinkunft des belgischen Königs Leopold II. mit dem britisch-amerikanischen Expeditionsreisenden und Abenteurer Henry Morton Stanley auf Erschließung des Kongobeckens und den Ankauf von Land durch höchst zweifelhafte, ausbeuterische Verträge mit den analphabetischen Eingeborenen.

1884 Kongo-Konferenz unter Vorsitz Otto von Bismarcks in Berlin. Kongo wird Privatbesitz der belgischen Krone, also Leopolds II. Das Land erhält damit einen einzigartigen politischen Status. Leopold II. errichtet eine brutale Schreckensherrschaft („Kongogräuel“: Sklaverei, Zwangsarbeit, Verstümmelungen, Vergewaltigungen, Erschießungen), um einen möglichst großen Gewinn zu erzielen (Kautschuk, Palmöl, Kupfer, Blei, Zink, Diamanten).

1908 internationale Proteste zwingen den König, sein Privateigentum an den belgischen Staat zu verkaufen, keine nennenswerte Verbesserung der Menschenrechtssituation.

Stationenlernen IMPERIALISMUS
Die Aufteilung der Welt – Bestell-Nr. 12 097
KOHL VERLAG

Deutsche Weltmachtpolitik !

Das Zeitalter des Imperialismus

Im Jahre 1871 wurde das Deutsche Reich gegründet. Bismarck hatte damit sein Ziel erreicht: Die Einigung der deutschen Staaten unter preußischer Führung. Dazu hatte er insgesamt drei Kriege geführt: gegen Dänemark, Österreich sowie den Erzfeind Frankreich. Nun ging es ihm aber darum, das neue Reich außenpolitisch abzusichern. Mit der Aussage, Deutschland sei „saturiert“ (gesättigt, die Ansprüche befriedigt), versuchte er die Nachbarmächte zu beruhigen und beteiligte sich ganz demonstrativ vorerst nicht an dem kolonialen Wettlauf. Wilhelm II., der seit 1888 Kaiser war, wollte dagegen seinen eigenen Weg gehen, steuerte einen „neuen Kurs“ an und entließ Bismarck aus seinem Amt.
Dem Kaiser ging es von allem Anfang an darum, die Macht des Deutschen Reiches nach innen und außen unter Beweis zu stellen. Dazu gehörte auch, dass er sich an der kolonialen Konkurrenz aktiv beteiligte und „Weltpolitik“ betrieb. Aus dieser Zeit stammt der berühmte Satz *„Mit einem Worte: Wir wollen nie-mand in den Schatten stellen, aber wir verlangen auch unseren Platz an der Sonne.“* (1897). Tatsächlich gelangen nur wenige, eher unbedeutende Erwerbungen. Erwähnenswert ist vor allem das 1897/98 in China gewonnene Pachtgebiet Kiautschou mit dem Hafen Tsingtau. Hinzu kamen noch einige Inselgruppen im Pazifik und Kolonien in Afrika.

<u>Aufgabe 1</u>: *Wie könnte ein Gespräch zwischen Wilhelm II und Bismarck bezüglich der deutschen Außenpolitik abgelaufen sein?*

Wilhelm II **Otto von Bismarck**

Das Deutsche Reich rüstet auf ✶

Das Zeitalter des Imperialismus

Die koloniale Expansion und die Weltmachtträume des Kaisers spielten im öffentlichen Bewusstsein der Deutschen eine sehr große Rolle. Die außerordentlich emotional aufgeheizte Propaganda erfasste nahezu alle Gruppen der Gesellschaft – bis hin zu der ansonsten vor allem sozialdemokratisch beeinflussten Arbeiterschaft. Sie wurde von der Deutschen Kolonialgesellschaft, gegründet 1887, und dem aggressiv-nationalistischen Alldeutschen Verband von 1891 getragen. Diese verteidigte die Besitzansprüche der „Nachzügler“, vor allem eben Deutschlands, und schürte das sozialdarwinistische Konkurrenz- und Machtdenken gegenüber Großbritannien und Frankreich.

Postkarte des Deutschen Flottenvereins (1892)

Eine der Folgen war, dass das Deutsche Reich die militärische Aufrüstung enorm vorantrieb, um im Konfliktfall gegenüber den feindlichen Mächten gewappnet zu sein. Besondere Anstrengungen richteten sich auf die Kaiserliche Marine. Ein überseeisches Weltreich konnte nur durch eine große, flexible und schlagkräftigte Kriegsflotte zusammengehalten werden. Das bewies u. a. das britische Vorbild. Wie konnte es anders sein: Die militärische Aufrüstung weckte im Ausland, vor allem auch in Großbritannien, Misstrauen und Trotz. Die Folge war eine maritimes Wettrüsten.

<u>Aufgabe 1</u>: *Der Kaiser wollte deutsche Weltpolitik machen. Welche Folgerungen ergaben sich daraus?*

<u>Aufgabe 2</u>: *Nenne mögliche Gründe für die Popularität der kaiserlichen Flottenpolitik.*

Stationenlernen IMPERIALISMUS Die Aufteilung der Welt – Bestell-Nr. 12 097
KOHL VERLAG

Deutsche Weltmachtpolitik

Lösungen

Aufgabe 1: Mögliche Lösung:

Wilhelm II.

Wir haben drei Kriege gewonnen, unter anderem gegen unseren Erzfeind Frankreich. Unser Reich ist nun mächtiger denn je. Wir können stolz auf uns sein. Doch wir müssen aufpassen: Die anderen werden nicht zulassen, dass wir noch mächtiger werden. Um einen Krieg zu verhindern, sollten wir auf Kolonien verzichten.

Es ist an der Zeit, dass unser Deutsches Reich endlich auch einmal an der Reihe ist. Lange genug mussten wir mit ansehen, wie die anderen immer mächtiger werden. Wir dürfen uns das nicht gefallen lassen - deshalb brauchen wir Kolonien!

Otto von Bismarck

Stationenlernen IMPERIALISMUS – Bestell-Nr. 12 097
Die Aufteilung der Welt
KOHL VERLAG

Das Deutsche Reich rüstet auf

Das Zeitalter des Imperialismus

Lösungen

Aufgabe 1: Die Weltpolitik sollte das Ansehen und die Macht des Deutschen Reiches in der Welt steigern. Deutschland fühlte sich Großbritannien und Frankreich ebenbürtig, war aber wegen der späten Reichsgründung (1871) bislang zu kurz gekommen.
Um Weltpolitik betreiben zu können, musste sich Deutschland in Übersee Stützpunkte und Kolonien sichern. Natürlich würden die traditionellen Kolonialmächte Deutschland als Konkurrenten betrachten. Gefährliche Konflikte, möglicherweise militärische Auseinandersetzungen konnten die Folge sein. Dafür musste man sich rüsteten.

Aufgabe 2: Deutschland war ein inzwischen hochentwickeltes Industrieland. Viele Menschen begeisterten sich für den auf allen Gebieten spürbaren technischen Fortschritt.
Die Flottenrüstung wurde von einem gewaltigen Propagandaaufwand begleitet. Eine Reihe von Institutionen und Vereinen warb für die kaiserliche Marine. Überall prangten Zeichnungen und Fotos mit den neuen Kriegsschiffen, mit schmucken Matrosen und Seeoffizieren.
Für Jugendliche und Erwachsene entstand eine unterhaltsame und Abenteuerlust weckende Seefahrtsliteratur.
Vor allem Jungen träumten davon, eines Tages auf den herrlichen Schiffen Dienst tun zu dürfen. Jungen (und Mädchen) wurden in den meisten Familien – vor allem an Sonn-und Feiertagen – mit Matrosenanzügen geschmückt.

Deutsche Panzerschiffe (Fritz Stoltenberg, um 1895)

Stationenlernen IMPERIALISMUS – Bestell-Nr. 12 097
Die Aufteilung der Welt
KOHL VERLAG

Deutsche Kolonien in Afrika

!

Mit Italien und Deutschland waren in den Jahren 1861 und 1871 zwei neue Nationalstaaten entstanden. Schon im Entstehungsprozess hatte das Deutsche Reich seine Macht bewiesen. Die Reichgründung war nur durch einen militärischen Sieg über Frankreich möglich geworden. Hinzu kam, dass das Deutsche Reich nun eine der führenden Industrienationen der Erde war. Rasend schnell schritt die weitere Industrialisierung voran.

Reichskanzler Otto von Bismarck hatte zunächst keine Neigung gezeigt, sich am kolonialen Konkurrenzkampf zu beteiligen. Allerdings konnte auch er sich schließlich dem imperialistischen Zeitgeist nicht völlig verschließen. Bereits in den siebziger Jahren hatten deutsche Handelsunternehmen damit begonnen, Stützpunkte in Übersee zu erwerben. Den eigentlichen Beginn der Kolonialzeit bezeichnet das Jahr 1884. In diesem Jahr stellte Bismarck die von dem Bremer Kaufmann Adolf Lüderitz erworbene Niederlassung an der Bucht von Angra Pequena, der „Lüderitzbucht", unter den Schutz des Deutschen Reiches. Es erhielt den Namen **Deutsch-Südwestafrika**.

Hereros in Deutsch-Südwestafrika

In rascher Folge kamen nun neue Erwerbungen hinzu. Noch im selben Jahr folgten **Togo** und **Kamerun** an der Westküste Afrikas. Ein Jahr später erwarb das Deutsche Reich Gebiete im Osten Afrikas, die nun **Deutsch-Ostafrika** genannt wurden.

Wie bei den anderen Kolonialmächten waren die Erwerbungen deutscher Kaufleute bzw. des Reiches vielfach durch ungleiche Verträge erschlichen worden. Oft ließen sich die eingeborenen Herrscher durch militärische Machtdemonstrationen und durch Schutzversprechen einschüchtern und übertrugen ihr Land den Kolonisatoren zu einem lächerlich geringen Preis. Was in den von ihnen unterzeichneten Verträgen stand, hatten sie aus sprachlichen Gründen oft gar nicht begriffen. Bekannt sind die rüden Verhandlungsmethoden des Afrikaforschers Carl Peters, der Ostafrika für das Deutsche Reich erwarb.

Noch während der Regierungszeit Bismarcks als Reichskanzler wurden neue koloniale Gebiete im Pazifik erworben, im Jahr 1885 das Kaiser-Wilhelm-Land auf Neuguinea und das in der Nähe gelegene Bismarck-Archipel (griech. Inselgruppe und dazwischenliegende Gewässer) sowie Teile der Salomon-Inseln (1884) und die Marschall-Inseln (1886).

Aufgabe 1: *Welche Kolonien erwarb das Deutsche Reich in den Jahren 1884-1886? Übertrage die Tabelle in dein Heft/deinen Ordner und fülle aus.*

1884	1885	1886

Aufgabe 2: *Mit welchen Gebieten waren die deutschen Kolonien in Afrika benachbart? Tipp: Verwende dazu die Karte der Station „Die Aufteilung Afrikas II".*

Aufgabe 3: *Welche Gründe könnten Bismarck bewogen haben, Schutzgebiete in Afrika zu erwerben?*

Stationenlernen IMPERIALISMUS
Die Aufteilung der Welt – Bestell-Nr. 12 097
KOHL VERLAG

Deutsche Kolonien in Afrika

Lösungen

Aufgabe 1:

1884	1885	1886
• Deutsch-Südwestafrika • Togo • Kamerun • Teile der Salomon-Inseln	• Deutsch-Ostafrika • Kaiser-Wilhelm-Land auf Neuguinea • Bismarck-Archipel	• Marschall-Inseln

Aufgabe 2: Deutsch-Südwestafrika war mit der portugiesischen Kolonie Angola sowie der späteren britischen Südafrikanischen Union (nach der Vereinigung der Kapkolonie mit den Freistaaten der Buren) und dem britischen Betschuanaland benachbart.

Deutsch-Ostafrika lag zwischen portugiesisch Ostafrika, dem Belgischen Kongo und Britisch Ostafrika. Bemerkenswert ist, dass es die von England angestrebte Kap-Kairo-Linie, ein von Süden nach Norden durchgehendes britisches Kolonialgebiet, unterbrach.

Kamerun lag zwischen dem britischen Nigeria und Französisch-Äquatorialafrika.

Togo wurde von der britischen Goldküste und von Französisch-Westafrika umgeben.

Aufgabe 3: Auch in Deutschland gab es nach der Reichgründung ein starkes Interesse an kolonialen Erwerbungen, vielleicht deshalb, weil man die Konkurrenz mit Großbritannien und Frankreich spürte. Das Reich war nun groß und mächtig. Warum sollte es auf eine überseeische Machtentfaltung verzichten? Das „Kolonialfieber" verbreitete sich insbesondere im (besitzenden) Bürgertum.

Ein sehr wichtiges Motiv für den Erwerb von Kolonien war auch die Tatsache, dass die mächtigen, international agierenden Handelsunternehmen in Bremen und Hamburg bereits Stützpunkte erworben hatten. Der Überseehandel kam dem Reich und der florierenden Industrie zugute.

Die u. a. aus hygienischen Gründen schnell wachsende Bevölkerungszahl führte zu einer Auswanderungswelle vor allem nach Nordamerika. Vielleicht konnte der Bevölkerungsdruck durch die Ansiedlung von Kolonisten in den deutschen Überseegebieten verringert werden.

Flottenbau und Kolonialherrschaft

!

Das Zeitalter des Imperialismus

Kaiser Wilhelm II. war ein schwärmerischer Bewunderer der Marine. Mit großer Energie trieb er den Bau „seiner" Kriegsflotte voran. Im Norden Deutschlands entstand eine mächtige Schiffsbauindustrie. Schon 1895 war der Kaiser-Wilhelm-Kanal (heute Nord-Ostsee-Kanal) fertiggestellt worden. Er verkürzte den Seeweg von der Nord- in die Ostsee und erlaubte ggf. eine rasche Verlagerung der Seestreitkräfte.

Seit 1897 war Alfred (von) Tirpitz Staatssekretär (Minister) im Reichsmarineamt. Im Auftrag des Kaisers forcierte er energisch den Ausbau der Kriegsflotte. Diesem Zweck dienten die Flottengesetze von 1898 und 1900 und eine gewaltige Propagandawelle. Sie wurde vor allem vom Deutschen Flottenverein (gegründet 1898) unterstützt.

Die maritime Hochrüstung orientierte sich am sogenannten „Risikogedanken". Die deutsche Kriegsflotte sollte so stark sein, dass eine militärische Auseinandersetzung für Großbritannien mit einem gefährlichen Risiko verbunden war. Diese Einsicht würde die Briten von einem Krieg mit Deutschland abhalten und sie möglicherweise dazu bewegen, ein Bündnis mit Deutschland abzuschließen. Das jedenfalls hofften die einflussreichen Kreise in Berlin!

Kaiser Wilhelm II., 1913 (Ölgemälde von Adolph Behrens)

Da die deutschen Kriegsschiffe größtenteils neu gebaut wurden, konnten sie nach modernsten technischen Standards konstruiert und ausgerüstet werden. Zu den neuen Waffensystemen der Seekriegsführung gehörten Seeminen, Torpedos und U-Boote.

Schon hier sei bemerkt, dass sich die in die stolze Kriegsflotte gesetzten Erwartungen nicht erfüllten. Großbritannien empfand die deutsche Flottenrüstung als existenzielle Bedrohung. Ein wildes Wettrüsten begann, das die Volkswirtschaften belastete und die Kriegsgefahr steigerte.

Als dann im Jahr 1914 der Erste Weltkrieg ausgebrochen war, kam die Flotte kaum zum Einsatz. Eine in irgendeiner Weise kriegsentscheidende Bedeutung gewann sie nicht.

Aufgabe 1: *Verbinde, was zusammengehört.*

1. 1898	**a)** Alfred von Tirpitz wird Staatssekretär im Reichsmarineamt
2. 1914	**b)** Einführung des ersten Flottengesetzes
3. 1895	**c)** Gründung des Deutschen Flottenvereins
4. 1900	**d)** Beginn des Ersten Weltkrieges
5. 1898	**e)** Einführung des zweiten Flottengesetzes
6. 1897	**f)** Fertigstellung des Kaiser-Wilhelm-Kanals

Aufgabe 2: *Welche Erwartungen verbanden die Reichsregierung und die Marineführung mit dem sogenannten Risikogedanken?*

Aufgabe 3: *So, wie das Bild oben es zeigt, wollte sich der Kaiser selbst sehen. Erläutere.*

Stationenlernen IMPERIALISMUS
Die Aufteilung der Welt – Bestell-Nr. 12 097
KOHL VERLAG

Flottenbau und Kolonialherrschaft

Lösungen

Aufgabe 1: 1. – b) oder c); 2. – d); 3. – f); 4. – e); 5. – b) oder c); 6. – a)

Aufgabe 2: Deutschland wollte Weltmacht sein. Dazu gehörte, dass es sich Besitzungen in Übersee sicherte. Automatisch ergab sich dadurch ein Konkurrenzverhältnis zu Großbritannien und Frankreich. Die Frage war, inwieweit sie dem Deutschen Reich entgegenkommen würden.

Eine mächtige deutsche Kriegsflotte bedeutete ein Risiko für die Engländer. Zumindest theoretisch bestand die Gefahr, dass Großbritannien in einem Seekrieg von den Deutschen besiegt wurde. Das sollte die Briten davon abhalten, einen Krieg vom Zaun zu brechen. Vielleicht gelang es, sie für ein Bündnis mit dem Reich zu gewinnen.

Aufgabe 3: Der Kaiser war allem Militärischen sehr zugetan. Er trat in aller Regel in Uniform auf und wechselte sie mehrmals täglich. Er war der Oberbefehlshaber der Armee und selbstverständlich auch der Marine. Die Uniform – für seine Soldaten und Offiziere „des Kaisers bunter Rock" – unterstrich seine Wichtigkeit und steigerte vermeintlich sein Ansehen in der Bevölkerung und im Ausland.

Gefangene Hereros in Ketten (1904)

Die Erschließung der deutschen Kolonien in Übersee schritt voran. Obwohl sie wichtige Rohstoffe lieferten, blieben sie bis zum Ende der deutschen Kolonialzeit im Ersten Weltkrieg Zuschussunternehmungen.

Die deutsche Kolonialpolitik war – dem sozialdarwinistischen Zeitgeist entsprechend – zwiespältig. Keinen Zweifel gab es für die Kolonialherren an ihrer Überlegenheit gegenüber den Eingeborenen. Andererseits gab es anerkennenswerte Bemühungen, die Ureinwohner in bescheidenem Maße mit der deutschen und europäischen Zivilisation vertraut zu machen. Wichtige Erziehungsarbeit leisteten christliche Missionare und die von ihnen eingerichteten Schulen.

Einen düsteren, bis heute nicht verwischten Schatten wirft der Umgang mit den Völkern der Hereros und der Nama in Deutsch-Südwestafrika auf die deutsche Kolonialpolitik. Im Jahr 1904 begannen die Hereros einen Aufstand gegen die Kolonialherren, weil sie sich durch Viehverluste und zweifelhafte Kreditgeschäfte in ihrer Existenz bedroht fühlten. General von Trotha erhielt daraufhin den Befehl, die Erhebung niederzuschlagen. Die Hereros flohen in die wasserlose Wüste. Hier ließ sie von Trotha einkesseln und von den noch verbliebenen Wasserstellen vertreiben. Tausende Menschen und Tiere verdursteten. Von Trotha verkündete: „Die Herero sind nicht mehr deutsche Untertanen. ... Innerhalb der deutschen Grenze wird jeder Herero mit oder ohne Gewehr, ... erschossen, ich nehme keine Weiber und keine Kinder mehr auf, treibe sie zu ihrem Volke zurück oder lasse auch auf sie schießen." – Das brutale, menschenverachtende Vorgehen des Generals gilt als erster Völkermord in der Geschichte des neuen Jahrhunderts.

Stationenlernen IMPERIALISMUS
Die Aufteilung der Welt – Bestell-Nr. 12 097
KOHL VERLAG

China und die Politik der offenen Tür

!

Die Präsenz der Europäer, insbesondere Großbritanniens, auf den Weltmeeren führte dazu, dass auch das Kaiserreich China in den Blick geriet. Es musste gelingen, das riesengroße Land für den Welthandel zu öffnen. Tee, Seide und Porzellan waren besonders wichtige und vor allem in Großbritannien hoch begehrte Handelsgüter. Die zu hohen Einfuhren nach England bewirkten, dass ein großes Handelsdefizit gegenüber China entstand. In zwei **Opiumkriegen** erzwang Großbritannien, dass China seine Grenzen für den Handel mit Opium aus Indien öffnete. Auf diese Weise konnte das Defizit ausgeglichen werden. China unternahm daraufhin energische Anstrengungen, um das überaus schädliche Opiumrauchen im Land zu unterbinden und 73.000 Kilogramm des Suchtmittels beschlagnahmt. Der Konflikt führte zum Krieg (1839-1842), in dem Großbritannien rücksichtslos seine eigenen Interessen und die der Opiumhändler durchsetzte.

Hinrichtung von aufständischen Boxern (1901)

Im Friedensschluss von Nanking wurde China zum ersten der sogenannten **„ungleichen Verträge"** gezwungen. Es musste eine Reihe von Häfen für ausländische Handelsschiffe öffnen, sich mit dem unbehinderten Handel einverstanden erklären und Hongkong an die Briten abtreten. Das Ereignis bedeutete einen tiefen Einschnitt in der Geschichte des so hoch entwickelten und einst so mächtigen Landes. Der Vertrag von Nanking und folgende Verträge versetzten China in eine besondere Art kolonialer Abhängigkeit. Diese Entwicklung wurde durch den Zweiten Opiumkrieg (1856-1860) verstärkt. Nun musste China noch weitere Häfen für den Handel öffnen. Davon profitierten auch die anderen imperialistischen Mächte Frankreich, Russland und die USA. Gemeinsam hatten sie die **„Politik der offenen Tür"** erzwungen.

In der Folgezeit erschütterten schwere politische und wirtschaftliche Krisen das geschwächte Land. Im Japanisch-Chinesischen Krieg von 1894/95 wurde China besiegt. Der **Boxeraufstand** des Jahres 1900 war ein verzweifelter Versuch, das imperialistische Joch abzuschütteln. Er wurde von einer Allianz aus dem Deutschen Reich, Frankreich, Großbritannien, Italien, Japan, Österreich-Ungarn, Russland und den USA niedergeschlagen.

Aufgabe 1: *Bringe die folgenden Sätze in die richtige zeitliche Reihenfolge.*

a) Der Krieg endet 1842 zugunsten der Briten mit dem Vertrag von Nanking.

b) Der Konflikt zwischen Großbritannien und China eskaliert: Großbritannien schickt 1839 Kriegsschiffe nach China.

c) Folge der sogenannten „ungleichen Verträge" war, dass China unter koloniale Kontrolle geriet.

d) Ab 1820 verstärkt Großbritannien den Export von Opium nach China.

e) Bis 1820 fällt die Handelsbilanz stets deutlich zugunsten der Chinesen aus.

f) Auch im Zweiten Opiumkrieg unterliegt China den europäischen Großmächten.

g) Auf den steigenden Opiumkonsum reagiert die chinesische Regierung mit der Beschlagnahmung tausender Kilogramm Opium.

Aufgabe 2: *Erkläre folgende Begriffe:*

a) ungleiche Verträge

b) Politik der offenen Tür

c) Boxeraufstand

Stationenlernen IMPERIALISMUS
Die Aufteilung der Welt – Bestell-Nr. 12 097
KOHL VERLAG

China und die Politik der offenen Tür

Lösungen

Aufgabe 1: Richtige Reihenfolge: e); d); g); b); a); f); c)

Aufgabe 2:

a) Die Verträge sind deshalb ungleich, weil ein Vertragspartner der Überlegene ist und dem anderen Vertragspartner Regelungen aufzwingt, die für ihn vorteilhaft sind. Die Verträge kommen durch Erpressung und durch (militärische) Gewalt zustande. Für die Akte der kolonialen Besitzergreifung sind sie ein „bewährtes", wenn im Grundsatz auch unmoralisches Mittel.

b) Damit gemeint ist die Politik, die allen mit China Handel treibenden Mächten freien Zugang zu allen chinesischen Häfen sowie den unbehinderten Handel garantierte.

c) Unter dem „Boxeraufstand" versteht man eine Bewegung gegen den europäischen, US-amerikanischen und japanischen Imperialismus. Die Bezeichnung „Boxer" ist eine westliche Bezeichnung und bezieht sich auf die traditionelle Kampfkunstausbildung der ersten Aufständischen.

Väter der chinesischen Kultur: Konfuzius, Laotse, Buddha

Unvergessen sind die Worte Kaiser Wilhelms II. (genannt „*Hunnenrede*"), als er das deutsche China-Expeditionskorps in Bremerhaven verabschiedete: *„Kommt ihr vor den Feind, so wird derselbe geschlagen! Pardon wird nicht gegeben! Gefangene werden nicht gemacht! Wer euch in die Hände fällt, sei euch verfallen! Wie vor tausend Jahren die Hunnen unter ihrem König Etzel sich einen Namen gemacht, der sie noch jetzt in Überlieferung und Märchen gewaltig erscheinen lässt, so möge der Name Deutscher in China auf 1000 Jahre durch euch in einer Weise bestätigt werden, dass es niemals wieder ein Chinese wagt, einen Deutschen scheel anzusehen!"*

Stationenlernen IMPERIALISMUS Die Aufteilung der Welt – Bestell-Nr. 12 097
KOHL VERLAG

Japan – Eine außereuropäische Kolonialmacht

⊙ !

Das Kaiserreich Japan lag aus europäischer Sicht „am Ende der Welt“, und seine Einwohner gehörten zu den farbigen Rassen. Hinzu kam, dass sich das Land – freiwillig – nach außen hin isolierte und mit anderen Ländern nichts zu tun haben wollte.

Eine revolutionäre Veränderung vollzog sich in der Mitte des 19. Jahrhunderts: Seit Längerem bemühten sich die westlichen Großmächte Großbritannien, Russland und die USA um Handelsbeziehungen zu Japan, allerdings fürs Erste ohne Erfolg. Das änderte sich, als im Jahr 1853 der amerikanische Commodore Matthew Perry mit seiner Flotte in Japan landete und die Öffnung von Häfen durch Verträge erzwang. Der Widerstand in Japan war groß („Ehrt den Kaiser, vertreibt die Barbaren“) und dauerte jahrelang.

Die Entwicklung des Kaiserreichs nahm in der Folgezeit einen dramatischen Verlauf. Mehr und mehr geriet Japan in das Blickfeld der europäischen Mächte. Im Jahr 1876 erzwang es mit militärischem Druck ein Handelsabkommen mit Korea, einem chinesischen Vasallenstaat (von China abhängig). Die Folge war der Erste Japanisch-Chinesische Krieg (1894), in dem China unterlag.

Um das weitere Vordringen der Inselmacht zu verhindern, besetzte Russland im Jahr 1897 den Hafen von Port Arthur am Gelben Meer. Der Konflikt verschärfte sich zusehends, weil Japan das gegenüberliegende Festland als seine Interessensphäre betrachtete. Weil ein Kompromiss nicht möglich war, erklärte das Kaiserreich Japan im Jahr 1904 Russland den Krieg. Der Russische-Japanische Krieg (1904/05) ist deshalb besonders bemerkenswert, weil er mit der russischen Niederlage endete. Erstmals hatte eine asiatische Macht eine europäische Großmacht besiegt. Japan gewann Port Arthur, behielt die Vorherrschaft in Korea und erreichte weitere Zugeständnisse auf dem asiatischen Festland.

Damit war die imperialistische Expansionspolitik freilich keineswegs beendet. Im Jahr 1910 annektierte Japan Korea offiziell. Die Mandschurei wurde vom Kaiserreich abhängig. Im Zweiten Japanisch-Chinesischen Krieg seit 1937 vergrößerte Japan sein Territorium mit brutaler Gewalt. Es verbündete sich mit den Achsenmächten Deutschland und Italien im Antikominternpakt von 1936/37 und dehnte sein Herrschaftsgebiet mit dem Versprechen, eine „Großasiatische Wohlstandsphäre“ zu schaffen, über nahezu ganz Südostasien aus.

Bekanntlich wurde die Expansion erst durch die Kapitulation nach den Atombombenabwürfen von Hiroshima und Nagasaki im August 1945 gestoppt.

Aufgabe 1: *Zeichne in der Karte ein. Nimm notfalls einen Atlas zu Hilfe.*

a) Japan (rot)

b) alle Staaten, mit denen Japan damals in Konflikt geriet (blau)

c) Beispiele für die im Text genannten damaligen japanischen Kolonien (grün)

Stationenlernen IMPERIALISMUS
Die Aufteilung der Welt – Bestell-Nr. 12 097
KOHL VERLAG

Japan –
Eine außereuropäische Kolonialmacht

Lösungen

Aufgabe 1:

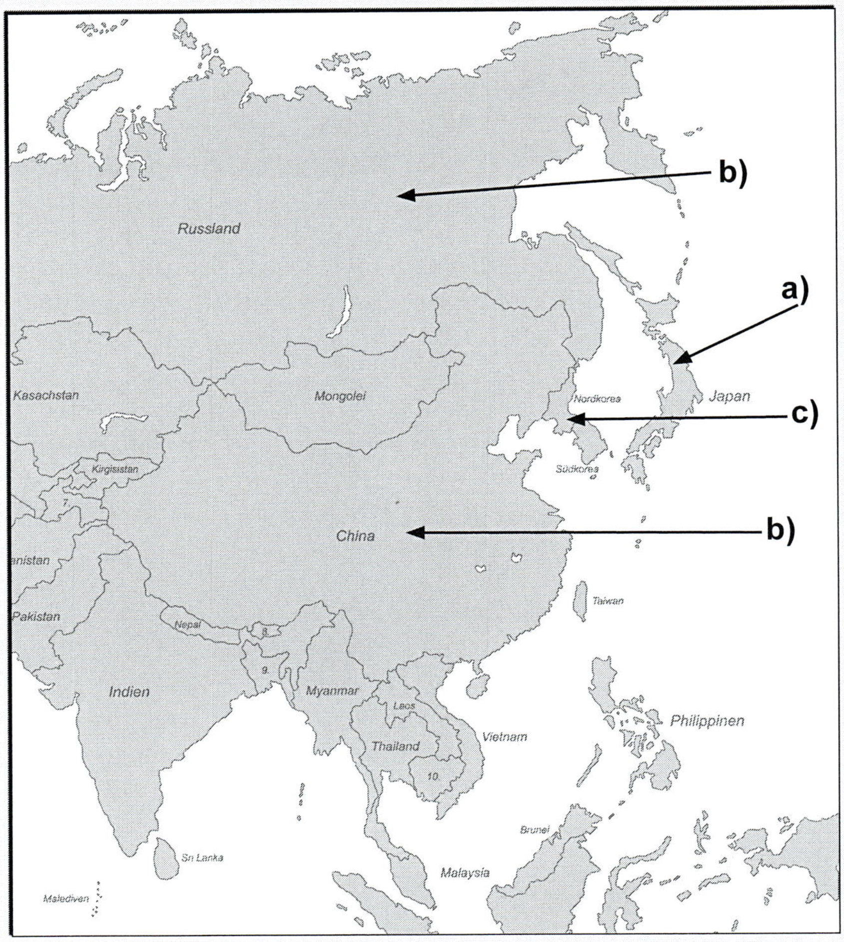

Für Japan sind die Gebiete besonders interessant, die der japanischen Inselgruppe gegenüberliegen. Das gilt ganz besonders für die Halbinsel Korea und die chinesische Mandschurei. Der Versuch, im nur dünn besiedelten Sibirien Siedlungsland für den Bevölkerungsüberschuss zu gewinnen, scheiterte am Widerstand Russlands.

Später zeigte sich, dass die politische Führung Japans noch viel weiterreichendere imperialistische Ziele verfolgte: Sie strebte die Herrschaft in China und in Südostasien an. Zeitweise konnte sie hier u. a. Burma, Thailand und Indonesien in ihre Macht bringen.

Nach einem japanischen Bombenangriff auf Shanghai (1937)

„Die japanische Seite ist sich der Verantwortung für die schweren Schäden bewusst, die Japan dem chinesischen Volk in der Vergangenheit durch den Krieg zugefügt hat, und bedauert sie zutiefst. Sie bekräftigt, dass sie beabsichtigt, die Normalisierung der Beziehungen zwischen den beiden Ländern zu verwirklichen." (Gemeinsames Kommuniqué der Regierung Japans und der Regierung der Volksrepublik China, 1972)

Stationenlernen IMPERIALISMUS
Die Aufteilung der Welt – Bestell-Nr. 12 097
KOHL VERLAG

Die USA in Übersee

Die Vereinigten Staaten von Amerika (USA) waren in den Jahren 1776 bis 1783 aus den 13 englischen Kolonien an der Ostküste Nordamerikas entstanden. Sie waren stolz auf ihre erkämpfte Freiheit und ihre demokratische Staatsverfassung. Das hinderte sie zunächst daran, sich wie Großbritannien, Frankreich und das Deutsche Reich direkt am kolonialen Wettlauf zu beteiligen.

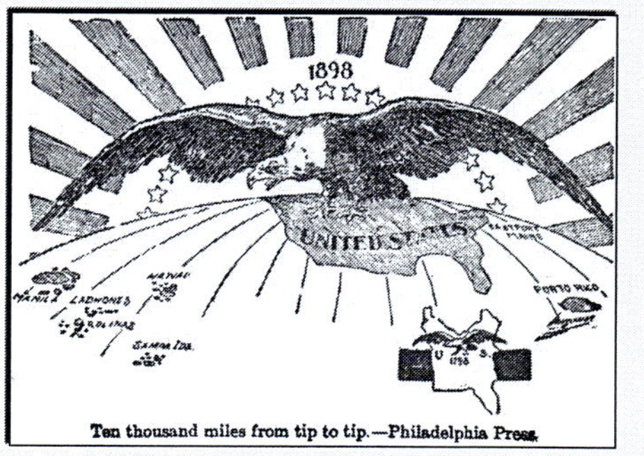

Der amerikanische Adler. Seine Flügel reichen von Puerto Rico bis zu den Philippinen. (Karikatur von 1898)

Letzten Endes siegten aber doch politische Machtinteressen und das Streben nach wirtschaftlichen Vorteilen. Eine günstige Gelegenheit bot sich, als sich Kuba in einem langen Befreiungskampf von der Kolonialmacht Spanien zu lösen versuchte. Das Eingreifen der USA zugunsten der Unabhängigkeitsbewegung führte zum Spanisch-Amerikanischen Krieg von 1898. Im Frieden von Paris erhielten die USA Puerto Rico und die Philippinen. Letztere waren ein wichtiges Sprungbrett für den amerikanischen Ostasienhandel, insbesondere für die von den Seemächten insgesamt betriebene imperialistische Einflussnahme im Kaiserreich China.

Kuba erhielt im Jahr 1902 seine Unabhängigkeit, blieb aber de facto politisch und wirtschaftlich von den USA abhängig. Die Puerto-Ricaner wurden im Jahr 1917 amerikanische Staatsbürger. Die Philippinen erhielten im Jahr 1948 formell ihre politische Souveränität.

Im Zusammenhang mit dem Spanisch-Amerikanischen Krieg wurde im Jahr 1898 auch die pazifische Inselgruppe von Hawaii annektiert. Dies führte zu starkem Widerstand der Hawaiianer, weil sie – zu Recht – den Untergang ihrer eigenen Kultur und Sprache befürchten mussten. Der strategisch sehr günstig gelegene Archipel wurde zum Flottenstützpunkt der USA. Bekanntlich löste der Überfall der japanischen Luftstreitmacht auf den amerikanischen Stützpunkt Pearl Harbor im Dezember 1941 den Krieg im Pazifik aus. Aus dem europäischen Krieg war ein Weltkrieg geworden. – Hawaii wurde im Jahr 1959 der 50. Staat der USA.

Von größter strategischer Bedeutung für die USA war der Panamakanal, der den Atlantik und den Pazifik miteinander verbindet. Er wurde im Jahr 1914 eröffnet. Die USA sicherten sich vertraglich die Kontrolle über die sogenannte Kanalzone (bis 1977/1999).

Aufgabe 1: *Über welche Gebiete herrschte die USA mehr bzw. weniger direkt? Löse das Rätsel. Das Lösungswort beschreibt die heutige Stellung der USA.*

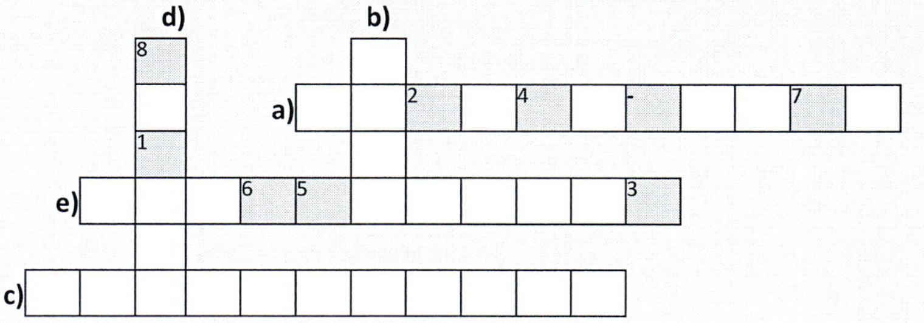

LÖSUNGSWORT

								T
1	2	3	4	5	6	7	8	9

Aufgabe 2: *Warum wollten oder konnten die USA zunächst keine direkte Kolonialpolitik betreiben?*

Aufgabe 3: *Die USA wurden mehr und mehr zur Weltmacht. Welche strategische Bedeutung hatten dabei die Philippinen und Hawaii?*

Stationenlernen IMPERIALISMUS
Die Aufteilung der Welt – Bestell-Nr. 12 097
KOHL VERLAG

Japan –
Eine außereuropäische Kolonialmacht

Lösungen

Aufgabe 1:

			d)				b)									
			H				K									
			A			a)	P	U	E	R	T	O	-	R	I	C	O
			W				B									
	e)	P	A	N	A	M	A	K	A	N	A	L				
			I													
c)	P	H	I	L	I	P	P	I	N	E	N					

LÖSUNGSWORT W E L T M A C H T

Aufgabe 2: Die Vereinigten Staaten fühlten sich ihrer eigenen Geschichte verpflichtet. Die 13 britischen Kolonien hatten gegen das Mutterland gekämpft, um ihre Freiheit zu erobern. Wenn sie selbst Kolonien erwarben, dann wurden sie ihren Grundsätzen untreu, indem sie andere Länder und andere Völker unfrei machten und beherrschten. Letzten Endes siegten aber der politische und wirtschaftliche Egoismus.

„Wir sind […] empört über den Verrat an amerikanischen Ordnungsprinzipien hier bei uns. Das wirkliche Kampffeld liegt nicht in den Vororten von Manila. Der Feind sitzt im eigenen Land. 1861 wurde der Versuch gemacht, unser Land zu teilen. 1899 wird der Versuch gemacht, die fundamentalen Prinzipien und höchsten Ideale dieses Landes zu zerstören.“ (American Anti-Imperialist-League, 1899)

Aufgabe 3: Durch den Erwerb der Philippinen und Hawaiis verschafften sich die USA wichtige Stützpunkte mitten im pazifischen Raum bzw. in der Nähe zu China, Indien und Indonesien. Sie wollten auf jeden Fall am Chinahandel beteiligt sein (Politik der offenen Tür).

Dass der Flottenstützpunkt auf Hawaii strategisch besonders wichtig war, erwies sich auf jeden Fall im Dezember 1941, als die japanische Luftflotte Pearl Harbor überfallartig angriff.

US-Marinesoldaten auf Hawaii (Honululu, 1893)

Stationenlernen IMPERIALISMUS – Bestell-Nr. 12 097
Die Aufteilung der Welt
KOHL VERLAG

Vereinigte Staaten von Amerika

!

Fertigstellung der ersten transkontinentalen Eisenbahnlinie der USA (1869)

Wenn wir vom Imperialismus sprechen, denken wir vor allem an die koloniale Ausdehnung der europäischen Mächte in Übersee. Dabei wird oft der Kontinentalimperialismus übersehen, der ganz ähnliche Wurzeln hatte. Auch hier handelte es sich um eine vom nationalen Machtstreben und von handgreiflichen wirtschaftlichen Interessen gesteuerte Expansionsbewegung.

Auf dem Gebiet der späteren USA waren 13 britische Kolonien entstanden. Sie lagen alle, Europa zugewandt, im Osten des Subkontinents. In den Jahren 1776 bis 1783 lösten sie sich aus der Abhängigkeit von England und begründeten einen eigenen souveränen Staat. Amerika wurde zum Land der Sehnsucht, wo politisch und religiös Verfolgte Frieden und Freiheit suchten. Hier fanden vor allem Europäer (u. a. Deutsche, Iren, Italiener), die ihre Heimat nicht mehr ernähren konnte, eine neue Lebensgrundlage. Das Land war unermesslich groß, in weiten Teilen fruchtbar und nur schwach besiedelt. Allerdings waren die Indianer, die Ureinwohner Amerikas, den weißen Ansiedlern oft im Weg. Die frühe Geschichte der USA ist eine Geschichte des unaufhaltsamen Vordringens der Weißen nach Westen und zahlloser blutiger Kämpfe zwischen den Kolonisten auf der einen und den „Rothäuten" auf der anderen Seite.

Der Ausgang dieses gewaltigen Trecks ist bekannt. Wie in Afrika und in Asien waren die Weißen von ihrer rassischen und kulturellen Überlegenheit und ihrem Recht überzeugt. Die Indianer, die die jahrzehntelangen Kämpfe überlebt hatten, wurden in abgelegene, oft menschenfeindliche Regionen verdrängt. In den Reservaten fristeten sie ein karges, hoffnungsloses Leben. In Politik und Gesellschaft spielten sie über Generationen keine Rolle mehr. Im öffentlichen Bewusstsein blieben sie vor allem in abenteuerlichen Wildwest-Romanen, in Indianer- und Cowboy-Filmen lebendig. Der Apachenhäuptling Winnetou, eine Romanfigur des überaus erfolgreichen Schriftstellers Karl May, wurde für Generationen zum Inbegriff des „edlen Wilden".

Die Erschließung des „Wilden Westens" wurde zum Nationalmythus der USA. Er beinhaltet den heldenhaften Kampf der Pioniere für Freiheit, Recht und Besitz. Sie waren harte und entschlossene Männer, die vom Recht des Stärkeren überzeugt waren und es für sich beanspruchten. Oft war der Einzelne auf sich allein gestellt. Viele geschichtliche Dokumente und Abenteuerromane schildern den zunächst im Westen herrschenden Zustand der Gesetzlosigkeit und des Faustrechts.

Die Landnahme war im Großen und Ganzen um 1890 abgeschlossen. Die USA reichten nun von der atlantischen bis zur pazifischen Küste, von Kanada bis Mexiko. Die Indianerkriege endeten mit dem legendären Massaker am Wounded Knee Creek in South Dakota im Jahr 1890. Hier tötete die US-Armee zwischen 150 und 350 Männer, Frauen und Kinder.

Aufgabe 1: *Erkläre den Begriff „Kontinentalimperialismus".*

Aufgabe 2: *Warum lässt sich, bezogen auf die USA, von Kontinentalimperialismus sprechen?*

Aufgabe 3: *Was beinhaltet der Begriff „Wilder Westen"?*

Vereinigte Staaten von Amerika

Lösungen

Aufgabe 1: Der Begriff „Kontinentalimperialismus“ bezeichnet die Machtausdehnung innerhalb eines Kontinents. Im Vergleich dazu ist mit „Imperialismus in Übersee“ gemeint, dass sich die Machtausdehnung über die Ozeane/Meere hinweg auf andere Kontinente bezieht.

Aufgabe 2: Die „kolonialen“ Erwerbungen der USA erfolgten nicht in Übersee, sondern auf dem eigenen Subkontinent. Sie vollzogen sich aber ähnlich wie die Besitzergreifungsakte in Afrika oder in Asien. Pioniere sicherten sich Weide- und Ackerland jenseits der eigenen Staatsgrenzen, errichteten Stützpunkte, Dörfer und Städte. Ihnen folgten das Militär und die von Washington ausgehende Staatsverwaltung. Mit dem Wachsen der Bevölkerungszahl wuchs der Wunsch, die neu erworbenen Gebiete an die Union anzuschließen. Imperialistisch war die Art und Weise, wie das Neuland erworben und gesichert wurde. Die Weißen fühlten sich den Ureinwohner überlegen und zeigten keine Neigung, deren überkommene Rechte zu wahren. Im Zweifelfall mussten die Waffen entscheiden.

Aufgabe 3: „Wild“ bedeutet zunächst „gefährlich“, „unzivilisiert“. Der Zug nach Westen war ein gefährliches Abenteuer, das viele Opfer forderte. Im übertragenen Sinne ist gemeint, dass jenseits der Grenzen der bereits bestehenden Staaten Rechtlosigkeit und Willkür herrschten (Revolverhelden). Es galten das Recht des Stärkeren und das Faustrecht. Früh versuchten die Siedler, durch eigene Bemühungen in ihren Lebensbereichen Rechtssicherheit zu schaffen. Flächendeckend konnte sie sich erst dann durchsetzen, wenn im Neuland eine funktionierende Verwaltung existierte, wenn Militär, Polizei und Justiz präsent waren.

Szene aus den Indianerkriegen (1876)

Einige Jahreszahlen	
1846	Krieg gegen Mexiko nach Aufnahme von Texas in die Union, weitere Gebietsgewinne im Westen, u. a. Arizona, Utah und Kalifornien
1848	Goldrausch in Kalifornien
1861-1865	durch die Sklavenfrage ausgelöster Bürgerkrieg zwischen den Südstaaten und den Nordstaaten
1863	Sklavenbefreiung durch Präsident Lincoln
1876	Sieg der Indianer unter Sitting Bull am Little Bighorn über die US-Kavallerie unter General Custer
1889	das den Indianer auf ewig zugesprochene Oklahoma zur Besiedlung durch Weiße freigegeben, Kämpfe in der Folge
1890	Massaker am Wounded Knee, Ende der jahrelangen Indianerkriege

Stationenlernen IMPERIALISMUS
Die Aufteilung der Welt – Bestell-Nr. 12 097
KOHL VERLAG

Russland

An der überseeischen Kolonisation nahm Russland – insbesondere wegen seiner ungünstigen Lage in Bezug auf die Weltmeere – nicht teil. Stattdessen dehnte es sein Territorium und seine politische Macht auf dem Kontinent aus. Im Lauf von Jahrhunderten entstand ein gewaltiger, russisch beherrschter Vielvölkerstaat, der von West- und Mitteleuropa bis zum Pazifik reichte.

Der russische Expansionsdrang hatte mehrere Ziele. Jenseits des Urals, der Europa von Asien trennt, lag das unendlich weite, noch unerschlossene Sibirien. Die Eroberung durch russische Kosaken begann um etwa 1600 mit der Unterwerfung des Khanats Sibir, von dem das Land seinen Namen erhielt. Bis zum Jahr 1680 stand das ganze Land unter russischer Oberherrschaft. Die Ureinwohner wurden dem Zaren in St. Petersburg zu Abgaben verpflichtet. Russische Siedler strömten in die unbekannten Weiten. Der Pelzhandel blühte. Viele Menschen kamen ins Land, weil sie hier von der Leibeigenschaft befreit waren.

Im **Westen** gewann Russland die Ukraine (1667), das Baltikum (1721, Litauen, Lettland, Estland), Weißrussland (1793), Finnland (1808) und einen großen Teil Polens (1815). Von Kolonien im üblichen Sinn kann hier freilich nicht gesprochen werden.

In **Zentralasien** hatte Russland seine Grenze östlich des Kaspischen Meeres durch zahlreiche Kosakensiedlungen (freie Krieger und Wehrbauern) geschützt. Dennoch kam es immer wieder zu Konflikten mit fremden Völkern. Das bewog die Regierung in Petersburg, ihre Herrschaft in den islamischen Gebieten zu festigen und tiefer in das Binnenland hinein vorzudringen. Nach jahrelangen kriegerischen Auseinandersetzungen wurde das Gebiet dem russischen Reich einverleibt. Im Jahr 1867 entstand das Generalgouvernement Turkestan. Die auch kulturell besonders bedeutenden Städte Taschkent (1865), Samarkand (1868) und Chiwa (1873) mit ihrem Umland wurden erobert, Buchara von Russland völlig abhängig gemacht (1868). Der russischen Ausdehnung nach Süden wurde im Jahr 1887 Einhalt geboten, als Russland auf die Nordgrenze der britischen Interessensphäre stieß. Afghanistan wurde zum Pufferstaat zwischen den beiden Großmächten.

Russland hatte sich seit 1770 im Kaukasus festgesetzt. Im Jahr 1801 wurde Georgien russisches Gouvernement. Aber von Frieden konnte noch lange nicht die Rede sein. Der Befreiungskampf der Kaukasier dauerte viele Jahrzehnte. Auch heute ist er noch nicht endgültig beendet, wie die Konflikte in Ossetien und Tschetschenien beweisen.

Das Zarenreich erstreckte sich im Südwesten bis zum Schwarzen Meer. Ein wichtiges territorialpolitisches Ziel war, die Meerengen zu erwerben, um so für Schiffe eine ungehinderte Zufahrt ins Mittelmeer zu erlangen. Dieses Ziel wurde nie erreicht. Im Krimkrieg (1853-1856) verhinderten vor allem Frankreich und Großbritannien durch ihre Unterstützung des Osmanischen Reiches („kranker Mann am Bosporus“), dass sich Russland an den Meerengen festsetzen konnte.

Aufgabe 1: *Wann erwarb Russland welche Gebiete? Verbinde, was zusammengehört.*

1. 1600 – 1680	**a)** Samarkand
2. 1667	**b)** Georgien
3. 1793	**c)** Finnland
4. 1801	**d)** Sibirien
5. 1808	**e)** Weißrussland
6. 1868	**f)** Ukraine

Aufgabe 2: *Besprich mit deinen Klassenkameraden mit Hilfe eines Atlasses, in welche Richtungen sich die russische Expansion vollzog.*

Stationenlernen IMPERIALISMUS
Die Aufteilung der Welt – Bestell-Nr. 12 097
KOHL VERLAG

Russland

Lösungen

Aufgabe 1: 1. – d); 2. – f); 3. – e); 4. – b); 5. – c); 6. – a)

Aufgabe 2: Die verschiedenen Stoßrichtungen werden im Text genannt: Sibirien bis zum Pazifik und an die chinesische Grenze, Mitteleuropa bis nach Polen und bis zum Baltikum, Zentralasien östlich des Kaspischen Meeres, der Kaukasus sowie der Balkan (Bosporus und Dardanellen).

Das Russische Reich zur Zeit seiner größten Ausdehnung (1790-1860)

Die Sowjetunion

Zumindest territorial betrachtet, war die UdSSR Erbe des zaristischen Russlands. Die Union umfasste zahlreiche nichtrussische Völker, die sich ihr mehr oder weniger freiwillig zugehörig fühlten. In ihr wurden über 120 verschieden Sprachen gesprochen. Es gab eben nicht nur einen russischen, sondern auch einen sowjetischen Imperialismus. Das Riesenreich zerbrach nach dem Untergang der Sowjetunion im Jahr 1991 in seine einzelnen Bestandteile.

Die alten Teilrepubliken der UdSSR:

Russische Föderative Sowjetrepublik, Ukrainische Sowjetrepublik, Usbekische Sowjetrepublik, Kasachische Sowjetrepublik, Weißrussische Sowjetrepublik, Aserbaidschanische Sowjetrepublik, Georgische Sowjetrepublik, Tadschikische Sowjetrepublik, Moldauische Sowjetrepublik, Kirgisische Sowjetrepublik, Litauische Sowjetrepublik, Turkmenische Sowjetrepublik, Armenische Sowjetrepublik, Lettische Sowjetrepublik, Estnische Sowjetrepublik

Auf dem Weg zur Unabhängigkeit

!

In einem hektischen Wettlauf wurden gegen Ende des 19. Jahrhunderts und im frühen 20. Jahrhundert noch diejenigen Gebiete verteilt, die angeblich niemandem gehörten. In der Regel wurde über die Köpfe der Ureinwohner entschieden. Vielfach herrschten Gewalt und Unterdrückung. Die Kolonialmächte rechtfertigten ihr Verhalten mit ihrer rassischen und zivilisatorischen Überlegenheit. Nach ihrer Auffassung taten sie nichts Geringeres, als einen Sendungsauftrag Gottes oder der Geschichte auszuführen. Die Kolonialmächte waren vor allem an billigen Rohstoffen und Arbeitskräften interessiert. Dies führte dazu, dass die meisten Ureinwohner dauerhaft in Unfreiheit und Unwissenheit gehalten wurden.

Getötete Aufständische im Algerienkrieg (1954-1962)

Der Begriff „Entkolonialisierung" (Dekolonialisierung) stammt von dem Nationalökonomen Moritz Julius Bonn. Im Jahr 1932 schrieb er: *„Auf der ganzen Welt begann eine Periode der Gegenkolonisation, und die Entkolonialisierung schreitet rasch voran."*

Die Entkolonialisierung begann bereits nach dem Ersten Weltkrieg. Nach dem Zweiten Weltkrieg, an dem auch koloniale Völker beteiligt gewesen waren, erreichte sie ein rasantes Tempo. Allerdings gab es immer wieder blutige, oft lange andauernde Unabhängigkeitskriege. In der Regel endeten sie zugunsten der Unterdrückten – und das auch deshalb, weil sich die Einschätzung des Kolonialismus in der Welt grundlegend verändert hatte. Die Forderung nach Demokratie und Gleichheit vor dem Gesetz und die Wahrung der Menschenrechte ließen das erzwungene Abhängigkeitsverhältnis zwischen Mutterländern und Kolonien als nicht mehr zeitgemäß erscheinen.

Wichtige Etappen auf dem Weg der weltweiten Entkolonialisierung waren u. a. die Unabhängigkeit Indiens und Pakistans (Großbritannien, 1947), Indonesiens (Niederlande, 1949), von Kambodscha, Laos und Vietnam (Frankreich, 1954), des Kongo (Belgien, 1960), Algeriens (Frankreich, 1962) und Südrhodesien (Großbritannien, heute Simbabwe, 1965). Seit den vierziger Jahren bis in die Zeit der Jahrhundertwende wurden etwa 120 Kolonialgebiete unabhängig. Im Jahr 1991 zerbrach die Sowjetunion. Die einzelnen Sowjetrepubliken wurden nun selbstständige Staaten.

Die Bevölkerung der neuen Staaten war auf die politische Eigenverantwortlichkeit nicht vorbereitet. In nahezu allen Lebensbereichen gab es im Vergleich zu den höher entwickelten Ländern Nachholbedarf. Das ist der Grund dafür, dass die meisten ehemaligen Kolonien mit großen Schwierigkeiten zu kämpfen hatten, nachdem sie unabhängig geworden waren.

Aufgabe 1: *Welches ehemalige Kolonialgebiet interessiert dich besonders? Informiere dich darüber, wie es seine Unabhängigkeit erlangte. Du kannst dazu ein Lexikon, das Internet oder Fachbücher zu Hilfe nehmen.*

Aufgabe 2: *Welche Probleme ergaben sich bei der Entkolonialisierung sowie nach dem Beginn der staatlichen Unabhängigkeit?*

Stationenlernen IMPERIALISMUS
Die Aufteilung der Welt – Bestell-Nr. 12 097
KOHL VERLAG

Auf dem Weg zur Unabhängigkeit

Lösungen

Aufgabe 1: Individuelle Lösungen

Aufgabe 2: Zumeist waren die Kolonialmächte nicht bereit, freiwillig auf ihre Besitzungen zu verzichten. Immer wieder kam es zu harten Verhandlungen und zum Teil langjährigen und blutigen Unabhängigkeitskriegen. Die Unabhängigkeitsbewegungen, die sich mit Waffen versorgt hatten, kämpften für Freiheit und Souveränität. Sie wussten, dass die Zeit für sie arbeitete. Die Mutterländer versuchten die ihre angestammten Rechte zu verteidigen. Dabei ging es auch um die europäischen Kolonisten, Landbesitzer, Geschäftsleute, Militärs und Beamte, die auf ihre neue Heimat und auf ihre Privilegien nicht verzichten wollten.

Wenn die Unabhängigkeit endlich erreicht und vertraglich besiegelt war, mussten die ehemaligen Kolonialländer sich völlig neu organisieren. Vielfach wurden Rechtsvorschriften und Organisationsformen der Mutterländer übernommen, soweit sie den eigenen Rechtsvorstellungen nicht widersprachen. Aber auf die Gestaltung eines Staatwesens, also einer politischen und wirtschaftlichen Ordnung, waren die meisten ehemaligen Kolonien nicht vorbereitet. Enorme Anstrengungen mussten unternommen werden, um das Bildungssystem auszubauen und zu modernisieren. Die Wirtschaft brauchte neue Impulse, weil sie bislang sehr stark von den jeweiligen Kolonialmächten abhängig gewesen war.

Der indische Freiheitskämpfer Mahatma Gandhi beim Verlassen eines Gefängnisses (1938)

Internationaler Pakt der Vereinten Nationen über bürgerliche und politische Rechte (1966)

Art. 1: „Alle Völker haben das Recht auf Selbstbestimmung. Kraft dieses Rechts entscheiden sie frei über ihren politischen Status und gestalten in Freiheit ihre wirtschaftliche, soziale und kulturelle Entwicklung."

Die Vernetzung der Welt

!

Containerschiff

Der Begriff, der in den sechziger Jahren des vorigen Jahrhunderts entstand, ist abgeleitet von dem lateinischen Wort globus = Kugel (Weltkugel). Er bezeichnet einen Vorgang, der sich vor allem in den letzten Jahrzehnten herausgebildet und dramatisch verstärkt hat. Gemeint sind die wachsenden internationalen Verflechtungen in Wirtschaft und Politik, Kultur, Nachrichtenübermittlung u. a. Die Globalisierung betrifft nicht nur die einzelnen Staaten und Volkswirtschaften, sondern letzten Endes jeden Einzelnen in irgendeiner Weise.

Vorläufer der Globalisierung waren der Kolonialismus seit dem 15. Jahrhundert und der Imperialismus gegen Ende des 19. Jahrhunderts. Schon hier gab es – in anderer Weise – so etwas wie Weltpolitik und Welthandel. Verstärkt wurde die Entwicklung durch den technischen Fortschritt (u. a. die massenhafte Einführung von Containern, die Ausweitung des Luftverkehrs und vor allem die digitale Revolution durch das Internet).

Ermöglicht und begünstigt wurde die Globalisierung durch die Anpassung der Rahmenbedingungen, z. B. durch die Liberalisierung des Welthandels mittels zahlreicher Freihandelsabkommen.

Für viele bedeutet Globalisierung einen vor allem wirtschaftlichen, aber auch politischen Fortschritt. Allerdings gibt es auch eine Reihe unterschiedlicher Kritiker und Organisationen, welche die Globalisierung ablehnen oder bekämpfen:

Kritisiert wird die der Globalisierung zugrundeliegende neoliberale Wirtschaftsgesinnung. Sie führe zur Missachtung von Menschen- und Arbeitnehmerrechten und ökologischen Standards. Sowohl die einzelnen Bürger als auch die einzelnen Staaten hätten angesichts der grenzübergreifenden, weltweiten Entwicklung gar keine oder nur geringe Einflussmöglichkeiten. In Vielem fehle die demokratische Legitimation. Die Entwicklung fördere die soziale Ungleichheit. Dabei gehe es nicht nur um die individuellen Unterschiede zwischen Arm und Reich, sondern auch um die wachsende Auseinanderentwicklung von armen und reichen Ländern (billige Rohstoffe / teure Fertigwaren).

Aufgabe 1: *Versuche den Begriff „Globalisierung" in einem Satz zu definieren.*

____

____

____

Aufgabe 2: *Sammle zusammen mit deinen Klassenkameraden auf einem Notizzettel oder auf der Tafel Belege dafür, dass die Globalisierung uns alle betrifft.*

Aufgabe 3: *Worin besteht das Ungleichgewicht zwischen reichen und armen bzw. schwach- und hochentwickelten Ländern?*

Stationenlernen IMPERIALISMUS
Die Aufteilung der Welt – Bestell-Nr. 12 097
KOHL VERLAG

Die Vernetzung der Welt

Lösungen

Aufgabe 1: Mögliche Lösung:

Globalisierung bezeichnet die weltweite intensive Vernetzung der Wirtschaft mit ihren Auswirkungen auf Politik, Kultur und Gesellschaft.

Aufgabe 2: Beispiele:

Autos aus Korea, Textilien aus Pakistan, Holz aus Brasilien, Spielwaren aus China, Erdgas aus Russland, Informationstechnik aus den USA, Sushi aus Japan, Spargel aus Chile, Wein aus Südafrika.
Englisch als „Weltsprache“: *Internet, Container, Global Player, World Wide Web, Just in Time, Business Class*

Aufgabe 3: Die weniger entwickelten Länder liefern oft billige Rohstoffe (Baumwolle, Erdöl). Diese werden in den entwickelteren Ländern zu teuren Fertigwaren verarbeitet (Kleidung, Benzin, Kunststoff). Das schafft Arbeitsplätze und bedeutet eine unverhältnismäßig höhere Wertschöpfung. Die weniger entwickelten Länder verfügen nicht über das Kapital und das Fachwissen, um mit den entwickelteren Ländern konkurrieren zu können. Globalisierung bezeichnet die weltweite intensive Vernetzung der Wirtschaft mit ihren Auswirkungen auf Politik, Kultur und Gesellschaft.

KOHL VERLAG
Stationenlernen IMPERIALISMUS
Die Aufteilung der Welt – Bestell-Nr. 12 097